Amet Bick
Der Wirt packt aus

Amet Bick (Hg.)

Der Wirt packt aus

Zwölf Variationen zur Weihnachtsgeschichte

Wichern-Verlag

© Wichern-Verlag GmbH, Berlin 2011
Umschlag: griesbeck design, München
Motiv: getty images / Todd Davidson
Satz: NagelSatz, Reutlingen
Druck und Bindung: Elbe Druckerei
Wittenberg GmbH
ISBN 978-3-88981-332-9

Inhalt

Vorwort

Es begab sich aber zu der Zeit, dass ein Gebot von dem Kaiser Augustus ausging, dass alle Welt geschätzt würde. So beginnt die Weihnachtsgeschichte im Lukas-Evangelium. Wir haben sie schon oft gehört, vielleicht zu oft. Wir nehmen die Ereignisse der Heiligen Nacht als gegeben; aber stellen wir uns noch vor, was damals in Bethlehem geschah, damals, als Jesus geboren wurde?

Die handelnden Personen sind vertraut, sie tauchen in jedem Krippenspiel auf: Josef, Maria und das Kind, der Wirt, die Hirten bei den Schafen, die Engel. Die Rollen sind klar verteilt und immer hat der Wirt die undankbarste, denn seit er dem Heiligen Paar nur einen Platz im zugigen Stall überließ, gilt er aller Welt als ausgesprochen hartherzig. Doch eigentlich wissen wir kaum etwas über ihn. Denn der Evangelist Lukas erzählt die Geschichte von der Geburt Jesu mit eindrücklichen, aber spärlichen Worten. Wir erfahren von ihm so gut wie nichts darüber, wie es Maria in den Wehen ging oder was Josef fühlte, als sein Sohn, der ja auch irgendwie nicht sein Sohn war, geboren wurde.

Unsere Autorinnen und Autoren spielen mit der Geschichte, verrücken sie ein wenig, erfinden sie neu und fördern so Unerhörtes zu Tage. Sie reisen zurück in der Zeit und berichten uns davon, welche Menschen in den Tagen der Volkszählung des Kaisers Augustus in Bethlehem lebten und was sie bewegte. Denn der Wirt hatte Kummer in jener Nacht, als Maria und Josef an seine Tür klopften, und spürte trotzdem, dass hier ein ganz besonderes Paar vor ihm stand. Wir erfahren, wie es dazu kam, dass ein Hirte, der doch eigentlich nur ein Stelldichein mit der Freundin hatte, plötzlich bei der Geburt im Stall helfen musste. Aus erster Hand wird uns berichtet, was der Engel wirklich dachte, als er über das Feld „Fürchtet euch nicht" rief. Und auch ein Schaf namens Mosche hat weit mehr von dieser wundersamen Nacht mitbekommen, als man bis jetzt gemeinhin angenommen hatte, und ist zum Glück nach längerem Zögern auch bereit, darüber Auskunft zu geben.

Aber wir können auch in der Gegenwart bleiben und uns vorstellen, was gewesen wäre, wenn Jesus in einem deutschen Gefängnis das Licht der Welt erblickt hätte. Oder wenn erst in der Talkshow „Wandas Wahrheit" aufgedeckt worden wäre, dass der Heilige Geist der Vater des Kindes ist.

Natürlich maßt sich keine der Autorinnen, keiner der Autoren an, zu behaupten, genau so, wie sie es erzählen, sei es gewesen. Sie spielen mit dem Möglichen, wagen einen neuen Blick auf die altbekannte Geschichte und ihre Protagonisten. Und die schütteln plötzlich ihren Krippenspiel-Staub ab, sind keine Figuren mehr, sondern Menschen, die lieben und leiden – und uns teilhaben lassen an ihrer Freude darüber, dass Jesus geboren wurde.

Berlin, 2011   *Amet Bick*

Ingeborg Arlt

Die Verabredung

„Nein, nein! Um Gottes willen! Ich bin Atheist!"
  „Ach so?"
   In jenem Moment – ich hinter dem Ladentisch,
der Herr davor – bestand ich nur aus Erstaunen.
Eine Dreiviertelstunde lang hatte er mich mit
dem Kauf einer Krippe beschäftigt. Eine ältere
Dame, die nach einem Kalender suchte, die Mutter zweier Kleinkinder, die der Reihe nach zu
Papa, Oma, Tante Doreen, Elias und auf unsere
Toilette wollten, „Entschuldigen Sie, haben Sie
eine Toilette? Der Kleine muss mal!", und vier
junge Mädchen bei den CDs hatte ich nebenbei
bedient. Die junge Mutter, erst bei den Räuchermännchen, dann bei den Christbaumkugeln,
zuletzt bei den Seiffener Engeln, hielt einen der
kleinen Hölzernen nach dem anderen ins Licht,
näher, noch näher der Lampe, vielleicht in der
Hoffnung, dass einer die Lampe umkreise. Die
Dame, die erst einen Blumen-, dann einen Kat-
zen-, dann einen Hundekalender suchte, wählte
noch zwischen Groß- oder Kleinformat. Und ich,
während die Mädchen mit den CDs so leiden-
schaftlich klapperten, als wäre ihnen nicht am
Kauf, sondern an deren Zertrümmerung am
meisten gelegen, hatte mit diesem Herrn zu tun.
   Ich zeigte ihm Krippe auf Krippe. Ich zeigte
ihm Krippen aus Holz, Krippen aus Ton und Krippen aus Kunstharz. Ich zeigte ihm Krippen aus

dem Erzgebirge, der Eifel und dem fernen Brasilien. Es dürfe keine einfache Krippe sein, hörte ich. Nicht bloß so eine mit dem Krippenkind, Maria, Josef und fertig. Es solle aber auch keine so unbiblische sein, keine so phantastische, ich wisse schon, nicht eine, die einem sonst was erzähle.

„Sonst was?"

Unter sonst was verstand er Hühnermägde und Elefanten. Hühnermägde und Elefanten gebe es zwar als Krippenfiguren, aber sie kämen in der Weihnachtsgeschichte der Bibel nicht vor. Der Mantel des Herrn war elegant. Unter seinem Schal waren Schlips und Kragen erkennbar. Aber seine Brille saß schief und schräg sah er auf ein bellendes Hündchen.

Das gehörte zum Hof einer mit Holzstapeln, Backofen, Brunnen und Hundehütte prächtig ausgestatteten Krippe.

Auch einen Mohrenknaben in der Karawane der Heiligen Drei Könige wies er weit von sich.

Die Mädels klapperten noch lauter mit den CDs. „O cool!", rief eins, während die Jungmutter inzwischen zu den Nussknackern gewandert war. Die Kalenderdame stand vor den Großformaten und blätterte in einem Musikkalender. Die beiden kleinen Jungen, drei und vier Jahre alt, schätzte ich, legten außer ihrer Sehnsucht nach Papa, Oma, Tante Doreen und Elias auch eine bemerkenswerte Unternehmungslust an den Tag. Gerade hatten sie einen Stapel Körbe auseinandergenommen, nun hatten sie den Schalter für die Leuchtgirlanden entdeckt. An – aus – an – aus – an – aus. Als ich zu dem Herrn zurückgekehrt war, machte der Stern von Betlehem das nächste Problem.

Einen Stern müsse seine Krippe allerdings haben! Der Stern von Betlehem gehöre dazu!

Kann er sie nicht unter den Weihnachtsbaum stellen? Unter einen Stern im Gezweig?

Die ältere Dame verließ ohne Kalender den Laden. Plingelong-plingplong. Die Ladenglocke bimmelte so streng, wie mein Chef manchmal aussah.

„Solche wie die hier suche ich, Fräulein." – Der Herr, der dem Alter nach mein Vater sein konnte, nur dass mein Vater nie, niemals mit derart schief sitzender Brille ausgehen würde, wies auf einen Prospekt, dessen Abbildung einen Stall mit Maria und Josef, dem Jesuskind, Hirten, Schafen und Königen zeigte. Links von den Hirten stand ein Verkündigungsengel. Hinter Josef lagerten Ochse und Esel. Auf gekreuzten Giebeldachbalken saß ein großer, dicker, goldgelber Stern.

Ich erschrak.

Ich erschrak bis ins Mark, weil diese Krippe nämlich im Schaufenster stand.

*Ein*mal, ein einziges Mal in dieser Woche, hätte ich früher zu Hause sein können. Ich brauche den Laden heute nicht zu wischen, hatte mir der Chef am Morgen gesagt, nur abzurechnen, dann könne ich gehen. Stattdessen turnte ich nun auf Strümpfen zwischen Rehlein, Englein und anderer Weihnachtsfauna im Schaufenster herum und die Lücke in der Dekoration, die nun entstand, musste ich nachher auch wieder schließen!

„Aber diese Krippe hat Ochse und Esel", rief ich aus dem Schaufenster. „Die kommen doch in der Weihnachtsgeschichte nicht vor!"

Für einen Augenblick schien mir meine Bahn doch noch erreichbar.

Aber der war kurz. Denn „Stimmt", hörte ich. „Stimmt! Bei Lukas stehen Ochse und Esel nicht. Aber biblisch sind sie."

„Macht vierzehn neunundneunzig", sagte ich, zur Kasse stürzend, an der die Mädchen schon standen.

Auch die junge Mutter verließ nun den Laden. Ohne Räuchermännchen, Christbaumkugeln und Seiffener Engel, aber wenigstens mit ihren zwei Knaben.

Ich schloss schnell ab.

Ochse und Esel stünden bei Jesaja, rief der Herr, während ich in der Kammer hinter dem Laden die Originalverpackung aus einem Kartonstapel holte. Jeder Ochse kenne seinen Herrn, rief er, jeder Esel kenne die Futterkrippe seines Meisters, nur das Volk Israel, rief er, so stehe es bei Jesaja, wolle nicht hören.

Ich wollte auch nichts hören.

„Sind Sie Pfarrer?", fragte ich. Nur um überhaupt was zu sagen.

„Nein, nein! Um Gottes willen! Ich bin Atheist!"

Später fand ich es bemerkenswert, dass jemand um Gottes willen Atheist zu sein wünscht, aber während ich noch bemüht war, die Krippenfiguren in Plastiktütchen zu stecken, was man sich ja nicht zu einfach vorstellen darf, denn solche Tütchen sind maßgeschneidert und die für

12

den knienden König passt nicht zu dem knienden Hirten und die für den stehenden Hirten durchaus nicht zum stehenden Josef!, – während ich also Schafe, Könige, Engel und so weiter in die knapp bemessenen Tüten drängte und zwängte und schob, redete der Herr vor dem Ladentisch weiter. Von Ideogrammen, was immer das war.

Ich rechnete nach: Wenn ich die Abkürzung durch den Humboldthain nähme, wenn ich am Nicolaiplatz in die Eins und dann in die Sechs umstiege… Ideogramme und Archetypen – au ja, das interessierte mich brennend!

Ich antwortete nicht. Für die Figuren in den Tüten waren in einer dicken Polystyrol-Platte die Aussparungen vorgesehen, in die man sie einpassen musste, und hier passte nicht der rotbraune liegende Ochse hin, sondern die blau gewandete kniende Jungfrau Maria. Der Herr sprach vom Alter der Bibel.

Nicht dass mir das Alter der Bibel neu war! Ich hatte vom Alter der Bibel, denn mein Vater ist Pfarrer, schon als Kleinkind gehört, schon, als ich im Kinderchor ausgelacht wurde, weil ich meinen Teddy Messias nannte.

„Bild gewordene Ethik", hörte ich und dachte missvergnügt an Gelegenheiten, da ich eine gewisse Ethik vermisste. Was, zum Beispiel, hätte damals eigentlich dagegengesprochen, mich zu verstehen! Als ich, fünfjährig, mich einmal über die fortwährende Bevorzugung meiner Schwester beklagte. Dieses ständige Hosianna-Gesinge! Wieso singen sie immer nur Hosi-Anna! Hosi-Dorothea könnten sie doch auch einmal singen! Und dann hatte ich so lange und so laut Hosi-

Dorothea gesungen, bis ich von unsrer Mutter eins hinter die Löffel bekam.

„Aber was für ein Bild!", hörte ich.

„Das Kind, das Neugeborene in der Mitte, im Zentrum! Das ist das Allerwichtigste, sehen Sie?"

Ich sah. Und zwar mit Verdrossenheit, wie der Herr das eingetütete Jesuskind wieder aus dem Polystyrol fingerte. Er legte es vor mir auf den Ladentisch.

„Das Kind ist die Hauptsache in diesem Bild. Das Wichtigste. Das Heiligste. Sehen Sie? Ich lege es hier in die Mitte. Es ist für die Ärmsten, die Hirten, und die Reichsten, die Könige, gleichermaßen wichtig. Die Ungebildeten – heute würde man sagen: die Bildungsfernen, wobei dieser Ausdruck durch das fehlende Antonym, denn man spricht ja nicht auch von Bildungsnahen, nicht wahr?, sich als Euphemismus entlarvt, – also, die Ungebildeten, die Hirten, und die Gebildeten, die drei Weisen, erkennen das Allerhöchste in ihm. Gott ist Mensch geworden. Sie beten es an."

Der Herr klaubte weitere Figuren aus dem Polystyrol.

„Sie kippen jetzt – wegen der Tüten. Aber das ist nicht so wichtig. Hier, sehen Sie? Das Neugeborene, das ist das Zentrum. Dann – Mann und Frau." Er stellte Maria und Josef dahinter. „Sie müssen sich das in konzentrischen Kreisen vorstellen – Hirten und Könige für die Gesellschaft. – Schafe, Ochse und Esel für die Natur. Dann: die Engel! Angelus heißt Bote. Die Engel für das Immaterielle, die Geisteswelt. Und den Stall denken Sie sich jetzt weg, sehen Sie nur den Stern.

Den Kosmos. Das Weltganze. Von dem erhalten die Weisen die Weisung!"

Mir dämmerte etwas.

„Verstehen Sie?"

Zwar war ich mir nicht sicher, ob ich richtig verstand, aber später fuhr ja die nächste Bahn.

Dass Josef in einem guten, einem wunderbaren, einem rat- und tatkräftigen, heiligen Geist handelte, als er Maria mit dem Kind nicht im Stich ließ, hatte mein Vater noch nie gesagt.

Aber ich, dachte ich, ich fühlte mich damals im Stich gelassen!

Als ich schwanger mit Levin war und sich die halbe Gemeinde darüber die Mäuler zerriss. Unsere Gemeindeschwester Ingelore zog mich damals in eine Umarmung und verzieh mir, was nett gewesen wäre, hätte ich sie um Verzeihung gebeten, doch das hatte ich nicht. Überhaupt schienen die Leute, die alljährlich die Geburt Jesu Christi feierten, mit unehelichen Kindern noch immer Probleme zu haben.

„Sehen Sie?" – Ich sah wieder. Die Figuren samt Tüten teils stehend, teils liegend, spiegelten sich im Glas meines Ladentisches. „Und es sind die Engel", sagte der Herr.

Noch nie hatte ich darüber nachgedacht, warum es die Engel sind, nicht die Menschen.

„Es sind die Engel, Fräulein, die singen: Friede auf Erden."

„Was die Menschen nicht ernst nehmen", sagte ich.

„Genau! Sie sagen es! Denn *wenn* wir die Botschaft ernst nehmen würden, wenn uns ein Neugeborenes wirklich das Höchste wäre, dieses

Neugeborene und jedes Neugeborene, und zwar unabhängig davon, ob es aus schlechtem Stall oder gutem Hause kommt, in geordneten oder ungeordneten Verhältnissen lebt, ärztlich begutachtet oder einfach nur da ist, gemessen, gewogen oder noch von keiner demographischen Erhebung erfasst, – *wenn* wir es ernst nähmen, dass Gott für uns Mensch wurde, dann könnten wir keine Kriege mehr führen."

Ich schwieg.

„Wenn es Sie interessiert", sagte er und: „Darf ich?", und schon hatte er meinen Kugelschreiber genommen und kritzelte etwas auf die seiner Brieftasche rasch entnommene Karte.

„Hier!" Er schob sie mir zu. „Am neunzehnten im Fontane-Club halte ich einen Vortrag darüber. Ich meine – also nur, ich meine: wenn es Sie interessiert!"

„Danke."

Und ob es mich interessierte.

Uwe Birnstein

Wandas Wahrheit

Eigentlich war Joey für jedes Geräusch dankbar, das seinen Tinnitus übertönte. Dieses ständige Piepen, Frequenz 440 Herz, ein reines A. „Oha", hatte die Ärztin damals gestaunt, „Respekt, da können Sie ja Klavierstimmer werden!" Joey fand die Berufsaussicht gar nicht witzig. Er war Schreiner, brauchte Holz in den Händen, Späne unter den Füßen, Splitter in der Haut. Und das schneidende Kreischen der Säge. Ob es das war, das ihm das Dauergeräusch ins Ohr gesetzt hatte? Die Ärztin hatte es als Möglichkeit erwähnt. Joey jedoch mochte nicht daran glauben. Wie könnte etwas Schönes Leid erzeugen? Mit dem Dauerpfeifen hatte er versucht, sich zu arrangieren. An manchen Tagen gelang es ihm, den Ton in den Alltag zu integrieren. An anderen Tagen jedoch nervte ihn das „A" zu Tode, so rein es auch sein mochte. Dann erklärte er dem Pfeifen den Kampf. Hörte laut Musik zum Beispiel, Rockmusik – Rolling Stones, „Sympathy for the devil", oder die Dire Straits, „Money for nothing", Regler bis zum Anschlag, play it loud. Selig gab er sich den E-Gitarren hin, die ihn manchmal wohlig an das Sägegeräusch in seiner Werkstatt erinnerten. Die Bass-Drum unterfütterte die Soundwand mit sattem Dumpfton, die Hörwelt schien wieder heil zu sein.

Aber jetzt, hier, im gleißenden Licht des Fernsehstudios? Elektronische Bläser-Fanfaren auf samtigweichem Kuschelklangteppich schraubten sich laut in die überhitzte Studioluft. Ja, sein Dauerpfeifen übertönten sie. Und doch fühlte er sich nicht befreit. Angst war das einzige, was er spürte. Und die Frage: „Warum um Himmels willen sitze ich hier eigentlich?" Binnen weniger Momente blitzte die Erinnerung auf, eine aus dem Rückblick stringente Abfolge: das leere Konto, der Stapel mit ungeöffneten Rechnungen auf dem Küchentisch, die Kleinanzeige im Wochenblatt: „Talk-Gäste gesucht", das Gespräch mit der sympathischen Redakteurin, die in Aussicht gestellten 1 000 Euro. Und nun, beim Ausklang der Fanfaren, drehten sich drei Kameras auf ihn zu, die Scheinwerfer wurden hochgedimmt – und er saß mutterseelenallein im Rampenlicht: Er, Joey, Zimmermann aus Zarrentin. Vierunddreißig Jahre alt, kariertes Hemd und Jeans, große Hände, breites Kreuz. Hinter dem Bart ein herzerweichendes Lächeln.

„Und hier ist der … Schreiner Ihres Vertrauens: Joey aus Zarrentin!" *Dubilidub-dam-dam.* Die dreißig Leute im Studio – allesamt unter der Zwanzig-Jahres-Grenze, applaudierten. Vor dem übergroßen Schriftzug „Wandas Wahrheit" wirkte die Moderatorin etwas verloren. Aber die blonden Locken und eine bemerkenswerte Souveränität machten Wandas schmale Statur wett. Wanda blickte in die Kamera so, als wäre die kein Hightech-, sondern ein Flirtobjekt, ging auf sie zu, lächelte sie an, nahm wieder Abstand. Diese Frau würde in der kommenden Stunde sein Schicksal bestimmen. Blendend im besten Sinne des Wortes sah sie aus, war eloquent und charmant, einfühlsam und interessiert. Trotzdem durchfuhr es Joey eiskalt.

Als Wanda seinen Namen zum zweiten Mal nannte, zuckte Joey zusammen. „Joey hat eine ganz entzückende Tochter: die super-super-supi-süße Jessy. Schaut mal!" Auf dem großen Bildschirm über der Bühne erschien ein dunkelgelocktes Mädchen. In ihrem rotgepunkteten weißen Sommerkleidchen stolzierte die Kleine an der Hand ihrer Mutter Mirai mit Plastikgießkanne schnurstracks gen Matschpfütze. Durch Jessys schwarze Locken blitzte das Sonnenlicht. Joey war gerührt, an diesen Moment im Frühling konnte er sich ganz genau erinnern, im Mai war's, ein wunderschöner Tag zu dritt.

„Aber, liebe Leute" – Wandas Stimme bekam plötzlich einen warnenden Unterton – „auch auf dem Leben des süßesten Mädchens kann ein Schatten liegen!"

Ein „Schatten"? Was redet die denn da, schoss es Joey durch den Kopf. Es sollte eine ganz entspannte Talkrunde zum Thema „Handwerker und ihre Kinder" werden, hatte die Redakteurin ihm doch noch vor drei Tagen am Telefon gesagt. Etwas über Erziehung, Tipps gegen Verletzungsgefahren in der Werkstatt, Vereinbarkeit von Vater-Sein und Selbstständigkeit – und jetzt redete diese Wanda von „schwerem Schicksal"? Bevor Joey seine Gedanken sortieren konnte, hörte er Wanda weiterreden. „Denn die kleine Jessy kann sich nicht sicher sein, wer ihr Papi ist!" Joey stockte der Atem. Woher wusste Wanda davon? Er jedenfalls hatte es nicht gesagt. Die Kamera fing im Publikum betroffene Gesichter ein. Die fröhliche Aufbruchstimmung der Sendung verwandelte sich plötzlich ins Dramatische. Über der Bühne immer noch das Spielplatzbild von Jessy im Sommerkleidchen.

Joey wirkte verloren auf seinem roten Studiostuhl. Wie im Schnellraffer begann sich in ihm seine Geschichte mit Mirai abzuspulen. Acht Jahre war es her. Sie war siebzehn, er sechsundzwanzig. Es gibt Liebe auf den ersten Blick, wusste er seitdem. Die erste Begegnung auf einem Fest hatte sie beide umgehauen. Es war, als hätten sie sich im Innersten angerührt. Als würden sie im anderen die Heimat finden, nach der sie gesucht hatten. Die Zeit stand still. Mit allen Sinnen feierten sie ihre Liebe, übersäten sich mit Küssen und Liebkosungen, irgendwann war alles eins: ihre Körper und ihre Seelen, ihre Münder und ihre Leiber, ihre Atem und ihre Düfte. Monatelang hielt der Zustand an. Fast unvermeidlich kam nach einem Dreivierteljahr die frohe Botschaft. „Sie sind schwanger", eröffnete die Frauenärztin Mirai mit mütterlichem Gesichtsausdruck. Mirai nahm Joeys Gesicht in beide Hände und drückte ihm einen Kuss auf den Mund. „Kaum zu glauben: Die Liebe trägt Früchte", lachte sie ihn an. Doch zum Feiern war Joey gar nicht zu Mute. Was ist geschehen, ratterte es in ihm, was ist nur geschehen? Sein Arzt hatte ihm doch gesagt: „Sie werden leider nie ein Kind zeugen. Orchitis infolge einer schweres Mumps-Infektion." „Keine Chance?", hatte Joey nachgefragt. „Keine Chance!", antwortete der Arzt mit ernster Stimme. Mirai hatte er nichts

davon erzählt. Für die junge Liebe war es belang-
los, hatte er sich eingeredet. Und womöglich
würde sich Mirai durch diese Diagnose von ihm
abschrecken lassen? Nein, später irgendwann
würde er es ihr sagen. So lange würden sie ganz
normal verhüten. Die Pille wollte Mirai nicht nehmen. Mit Hilfe eines kleinen Gerätes erkundete
sie, wann die Gefahr einer Empfängnis besonders
groß sei. Zur Sicherheit benutzten sie Kondome.
Doch manchmal dachten sie erst zu spät an die
Verhütung. Für Joey kein Problem – er wusste ja,
dass nichts passieren konnte. Mirai hingegen
schwebte dann oft Tage zwischen übergroßer
Vorfreude und fürchterlicher Angst. Wie sollte
sie allein ein Kind ernähren und erziehen können
in so jungen Jahren?

„Sie sind schwanger!" Die Botschaft der
Frauenärztin nahm sie wie einen Wink des Himmels, dem wollte sie sich keineswegs entgegen-
stellen. Für sie wurden die neun Monate zu den
schönsten und erfülltesten Zeiten ihres bishe-
rigen Lebens. Joey hingegen kam aus dem Grübeln nicht heraus. Das Grübeln trieb ihn wie-
derum zu seinem Arzt. Das Laborergebnis
bestätigte ihn: „Tut mir leid, Ihnen das mitteilen zu
müssen: Sie sind definitiv nicht der Vater." „Aber
wer dann?", entfuhr es Joey noch im Praxiszim-
mer. „Sprechen Sie mit Ihrer Partnerin!", riet der
Arzt, „vielleicht auch zu dritt in einer Beratungs-
stelle." Joey war verunsichert. Es konnte doch
nur so gewesen sein: Mirai war mit einem anderen Mann zusammen gewesen. Eine absurde
Vorstellung, so verliebt und innig sie mit Joey
war! Aber was sollte sonst geschehen sein? Ein

Wunder? Bei dieser Variante schmunzelte Joey über sich selbst und begann zu summen: „Wunder gibt es immer wie-ieder, heute oder morgen können sie gescheh'n …" Sollte dieser Schlager ihm die Erklärung bieten? Er legte sich mit festem Vorsatz ins Bett, ein Traum möge ihm das Wunder erklären. Am nächsten Morgen wachte er gerädert auf. Kein Traum. Keine Stimme, die ihm irgendetwas erklärt hatte. Schlaf, sonst nichts. Und als er neben sich blickte, sah er Mirai, ihr Kopf selig ins Kissen vergraben, schlummernd. In ihrem Bauch sein – sein? – sein! – Kind.

Eine quälende Situation. Mirai fragen, ob es da einen anderen gäbe? Lächerlich. Nicht den kleinsten Zweifel an ihrer Liebe und Treue konnte er sich herbeireden.

Wandas Stimme riss Joey aus der Rückschau hinein in die seltsame Wirklichkeit des Fernsehstudios. „Fragen wir doch mal die Mutter, ob sie weiß, wer der Vater ist!" Säße er nicht schon in einer Fernsehproduktion, könnte er sich wenigstens fragen: In welchem Film bin ich denn gelandet? *Dubilidub-dam-dam.* In der Bühnenkulisse öffnete sich eine Tür, und er traute seinen Augen kaum: Mirai schritt tatsächlich hindurch, blieb kurz stehen, winkte verlegen, sah Joey in die Augen und ging auf ihn zu. Wie durch Zauberhand hatte sich ein zweiter roter Stuhl neben ihn gestellt. Mirai gab ihm ein Küsschen auf die Wange, ein Ritual, das sie in all den Jahren beibehalten hatten. Sie blickte ihn etwas verlegen an, offensichtlich genauso erstaunt wie Joey darüber, welches Thema diese Talkshow hatte. Warum hatte Mirai ihm nicht gesagt, dass auch sie herkommen würde? Auf der Suche nach einer Antwort blieb ihm nur eine: Auch ihr hatte die sympathische Redakteurin 1 000 Euro in Aussicht gestellt.

„Mirai, erzähl: Wer ist der Vater deiner supersüßen Jessy?" Eine Frage wie ein Schlag mit einem Brett vor den Kopf. Mirai wurde blass. „Na, Joey natürlich", stotterte sie, „Joey ist der Vater!" Joey nahm ihre Hand; die Berührung gab ihnen das alte Gefühl: Gemeinsam sind wir stark. Wir schaffen es. Eine Geste, die sich schon oft bewährt hatte. „Ach, Joey?" Wandas Tonfall war linkisch geworden, „meinst du das auch, Joey?" Das Piepen in Joeys Ohr schwoll zu einem Sturm an. Blut schoss ihm in den Kopf. „Ja klar!", platzte es aus ihm heraus, „ja klar, wir lieben uns! Jessy ist eine Frucht unserer Liebe!"

„Na, da freuen wir uns aber", heuchelte Wanda. Direkt in die Kamera blickend fuhr sie fort: „Aber, liebe Zuschauer zuhause: Diese Sendung heißt ja ‚Wandas Wahrheit' und nicht ‚Wandas Lügenkabinett'. Also möchte ich doch mal jemanden fragen, der es wissen muss. Hallo Herr Dr. Rutzstein!" Das Studiolicht verdunkelte sich, auf dem Bildschirm über der Bühne, auf dem bis eben Jessy zu sehen war, erschien das Gesicht eines Mannes im weißen Kittel. „Dr. med. Rudolf Rutzstein, Urologe" stand auf seinem Bauch eingeblendet. „Doktor, sagen Sie uns bitte: Ihr Patient Joey ist bei uns, Sie kennen ihn ja gut. Könnte er Kinder zeugen?" Joey meinte, im Studioboden zu versinken. „Nun, Wanda", begann Dr. Rutzstein zu erklären, „das kann ich natürlich aus Gründen der ärztlichen Schweigepflicht nicht beantworten." Wanda blickte zu Joey und sah ein Häuflein Elend. Undenkbar, dass er einwilligen würde. „Versuchen Sie es doch mal, allgemein zu beschreiben, Herr Doktor!" „Das will ich gerne versuchen. Es gibt Patienten, bei denen im Kindesalter eine Mumps-Infektion die Fruchtbarkeit schädigt – so radikal, dass diese Männer dann lebenslang alles können …" – rhetorische Pause ist wohl der Fachbegriff für die Sekunden, die Dr. Rutzstein schwieg – „nur nicht Kinder zeugen."

Das Schweigen im Studio ließ das Blut in Joeys Ohren noch lauter pulsieren. Über das reine A legte sich schräg ein knapp zwei Oktaven entferntes Gis. So laut, dass er Mirais erschrockenen Blick nur wie im Nebel registrierte. „Sie sind hier bei ‚Wandas Wahrheit', liebe Zuschauer zuhause, wir kommen gleich wieder, bleiben Sie dran. Dann werden wir mit einem Vaterschaftstest aufdecken, was da eigentlich los war bei Mirai und Joey. Bis gleich!" Mit vielsagendem Blick und keckem Winken verabschiedete Wanda sich.

Im Studio entstand Hektik: Maskenbildnerinnen stürmten auf Wanda, Mirai und Joey los, tupften ihre Gesichter ab und kontrollierten den Teint. „Was läuft hier eigentlich?", raunte Joey Mirai zu. „Ich weiß nicht, sie hatten mir gesagt, etwas über Familienleben, nichts Schlimmes. Ich sollte als Überraschungsgast auftreten, 1 000 Euro in die Hand. Da konnte ich nicht nein sagen, Joey! Zusammen 2 000 Euro – für eine Stunde! Aber wer um Himmels willen ist dieser Dr. Rutzstein? Und was für einen Vaterschaftstest meint die?"

„Noch eine Minute." Wie aus dem Himmel klang die Stimme, die sich durch das ganze Studio schallte.

„Ich hätte es dir sagen müssen, Schatz", stammelte Joey, „nach allen Aussagen der Ärzte kann ich nicht der Vater von Jessy sein!"

„Zehn Sekunden", donnerte die Stimme, „neun, sieben, fünf …"

„Quatsch, Joey. Natürlich bist du der Vater!"

„… drei, zwei, eins." *Dubilidub-dam-dam.* Schon 262 Mal hat diese Fanfare „Wandas Wahrheit" verkündet. „Hallo zuhause und hier im Studio, suuuuper, dass ihr da seid, ich bin Wanda, und jetzt geht's weiter mit meiner Wahrheit!" Noch immer sprühte Wanda vor Temperament und Charme. „Für alle, die jetzt erst zugeschaltet haben: Das sind Joey und Mirai. Und hier seht ihr Jessy!" Wieder erschien die dunkelgelockte Kleine auf dem Bildschirm. „Ein schwerer Tag heute für Jessy. Denn heute werden wir die traurige Wahrheit erfahren: Der Mann, zu dem sie seit sechs Jahren vertrauensvoll Papa sagt, ist gar nicht ihr Vater! Aber wer dann? Begrüßen Sie mit mir: Simon!" Mit einem leichten Zischen öffnete sich die Bühnentür, ein braungebrannter Mann mit durchtrainiertem Körper betrat die Szenerie. Das Muskelshirt verlieh ihm den Charakter eines Models. Festen Schrittes steuerte Simon auf Mirai zu, nickte und setzte sich neben sie.

„Ihr kennt euch doch, ihr beiden, oder?", fragte Wanda fordernd.

Joey wurde kreidebleich.

„Flüchtig", antwortete Mirai.

„Aber hallo!" Simons Stimme war so laut, dass sie Joeys A kurzzeitig übertönte.

„Eine gewisse Ähnlichkeit mit Jessy ist nicht zu übersehen, finden Sie nicht auch – die schwarzen Locken zum Beispiel?" Die Kamera schwenkte von Simon zu Jessys Bild und wieder zurück. Wanda bohrte weiter. „Mirai, du sagst, ihr kennt euch ‚flüchtig'. Da kann ja viel passieren, bei solchen flüchtigen Bekanntschaften, nicht?"

„Ganz gewiss nicht das, was Sie denken!" Mirai war froh, dass ihre alte Schlagfertigkeit zurückgekehrt war. „Simon hab ich mal bei der Geburtstagsfeier einer Freundin kennengelernt. Wir haben uns gut unterhalten, er hat mir viel von seinem Beruf erzählt, er ist einer der letzten Fischer vom Steinhuder Meer. Das hat mich beeindruckt. Aber meine Liebe und mein Körper" – ihr Blick wanderte zu Joey – „gehörten immer nur Joey."

„Ja, ja, die Wahrheit …" – wieder legte Wanda so viel Ironie in ihre Stimme wie nur möglich – „… mit der haben viele so ihre Schwierigkeiten. Trotzdem geht kein Weg an ihr vorbei – hier bei Wanda!" Das Publikum klatschte erwartungsvoll. Mit Recht. Es wusste, dass nun das Finale beginnen würde. „Joey, Simon – habt ihr was dagegen, wenn wir einen klitzekleinen Vaterschaftstest machen? Die kleine Jessy hat doch ein Recht darauf zu wissen, wer von euch der wahre Papa ist!"

Joey spürte den Kloß in seinem Hals wachsen. Das A mit aufgesetztem Gis dröhnte sich in sein Herz, das ihm bis zum Hals schlug.

„Meine Assistentin Melanie wird euch beiden Hübschen jetzt ein Haar abschneiden. Von Jessy haben wir bereits eine DNA-Probe analysiert.

26

Wär doch gelacht, wenn unser sendereigenes Labor nicht auch diesmal helfen könnte!"

Eine junge Frau in kurzem Rock und ärmellosem Glitzershirt ging mit einem Tablett und einer Schere zu Joey, drehte sich aufreizend mit dem Rücken zur Kamera, bückte sich leicht, schnitt ihm ein paar Haare ab und schob sie in ein Reagenzglas. Das gleiche wiederholte sie bei Simon. Neben der Bühne schwebte ein Vorhang lautlos in die Luft; eine Frau in weißem Kittel nahm das Tablett von Melanie entgegen. Neben ihr ein Tisch mit allerlei Reagenzgläsern und Gerätschaften, die man aus medizinischen Laboratorien kennt.

„Liebe Zuschauer, ich darf Ihnen vorstellen: Unsere Erbgut-Spezialistin Dr. Dina Chromow!" Applaus. „Die Technik schreitet ja wahnsinnig voran, liebe Frau Dr. Chromow, sagen Sie uns: Wie schnell können Sie uns sagen, ob Simon oder Joey der Vater ist?" Dina Chromow legte das glaubwürdigste Expertengesicht auf, das ihr zur Verfügung stand, und schob mit dem Finger ihre schwarze Hornbrille hoch. „In genau dreizehn Minuten! Und, liebe Zuschauerinnen und Zuschauer: Sie können live dabei sein, wie wir der Wahrheit auf die Schliche kommen!"

„Wow, da haben Sie ja richtig investiert!"

„In der Tat. Schauen Sie!"

Dina Chromow winkte Wanda zu sich und bat sie, in ein Mikroskop zu sehen. „Wahnsinn, und das sind die Chromosomen von Jessy?"

„Genau, Wanda. Und damit unsere Zuschauer auch etwas sehen, können wir diesen Mikrokosmos der Gene jetzt endlich auch groß auf die

Bildschirme übertragen!" Das Bild, das über den Köpfen von Mirai, Joey und Simon erschien, erforderte genaues Hinsehen. Die beiden miteinander durch fadenartige Gebilde verbundenen DNA-Stränge wirkten fast wie eine Ikone. „Was Sie hier sehen, ist in Wirklichkeit nur unvorstellbare dreieinhalb Milliardstel Meter groß." Dina Chromow klang, als würde selbst sie als gestandene Wissenschaftlerin das überraschen. „Und wenn wir gleich die DNA von Jessy, Joey und Simon vergleichen, dann können Sie es live mitverfolgen!"

Die Kamera fuhr nah an Mirais Gesicht heran: In ihren Augenwinkeln bildeten sich Tränen. Dann ein Schwenk nach rechts auf Simons ungerührte Augen. Schließlich nach links zu Joey, dessen Stirn sich in unendlich viele Linien gekräuselt und mit den ängstlich nach oben gezogenen Augenbrauen verbunden hatte.

„Joey, wie geht es Ihnen jetzt?" Es gab weniges, was in diesem Moment noch unnützer hätte sein können als diese Frage. Joey zuckte mit den Schultern und zog seine Mundwinkel nach unten. Als die Kamera wieder auf Wanda zurückschwenkte, tastete er nach Mirais Hand.

„Erklären Sie uns doch mal, was Sie da machen, Frau Dr. Chromow!"

„Gerne." Die Ärztin schaufelte mit routinierter Geste ihre langen dunkelblonden Haare nach hinten und band sie zu einem Zopf. Hier haben wir zunächst die DNA von Simon neben der von Jessy. Sehen Sie" – mit einem Laserstab zeigte sie auf die schemenhaften Gebilde – „hier gibt es … ähm … hier gibt es … nein, hier gibt es keine Überschneidungen."

Wandas Gesichtszüge entglitten in ehrliche Enttäuschung. „Aber Dr. Chromow, bitte … Könnten Sie das noch mal prüfen? Die Wahrheit soll doch ans Licht!"

Joey und Mirai sahen sich tief in die Augen und lächelten sich verhalten zu.

Simon hatte die Ellbogen auf die Beine gestützt, den Kopf in die Hände vergraben, und blickte auf den Boden.

Dr. Chromow fühlte die Last von Millionen Zuschauern. „Ich nehme mal eine Gegenprobe aus einem anderen Zellkern." Wieder die Schemen auf dem Bildschirm, wieder der Laserpunkt. „Also hier könnte es eine gewisse Ähnlichkeit geben …" Wanda merkte auf. „Nein. Nein, wirklich nicht. Ich kann zu 99,9 Prozent ausschließen, dass Simon der Vater von Jessy ist!"

„Hab ich doch gleich gesagt", rief Mirai in Richtung Wanda. „Natürlich ist der nicht der Vater. Denn um ein Kind zu machen, muss man gewisse Dinge tun. Hätte ich ja wohl gewusst, wenn da was passiert wäre!"

Joey atmete tief durch.

Wanda auch. „Also gut", fuhr sie fort, „vielleicht sind wir hier ja einer medizinischen Sensation auf der Spur. Vielleicht ist ja Joeys Zeugungsunfähigkeit doch nicht so unumkehrbar, wie sein Arzt es uns weismachen wollte!"

Joey bemühte sich um Haltung. Das Pfeifen wurde wieder erträglich und fast verdrängt von innerem Summen: „Wunder gibt es immer wieder …"

Dr. Dina Chromow hantierte konzentriert an ihren Geräten. Ihre Ahnung musste sich ja bewahrheiten: Der nächste Test musste erweisen, dass Jessy die leibliche Tochter von Joey war. „Ich wär dann soweit."

Erneut erschien das Bild mit den Doppelsträngen auf dem Bildschirm. „Sagen Sie uns, was Sie erkennen?" Wandas Neugierde wirkte echt. Dr. Chromow ließ sich nicht aus der Ruhe bringen. Was sie tat, wirkte gewissenhaft. „Oh mein Gott!", entfuhr es der Wissenschaftlerin, und gleich noch ein zweites Mal: „Oh mein Gott." Sie starrte auf ihre Geräte. „Dr. Chromow – was sehen Sie denn da?", fragte Wanda ungeduldig nach, „lassen Sie uns teilhaben!" Dina Chromow setzte die Brille ab und rieb sich mit der rechten Hand die Augen. Wieder und wieder blickte sie in ihr Mikroskop, dann wieder auf eines der Geräte. „Ich sehe … kann die Kamera bitte mal diesen Ausschnitt vergrößern?" Das Bild zoomte in die DNA-Struktur hinein. Plötzlich kristallisierte sich aus den schemenhaften Gebilden ein Dreieck heraus. „Sehen Sie, das ist Jessys DNA. Und mittendrin ein winziges Dreieck!" „Können wir es noch mehr vergrößern?", fragte Wanda sichtlich angespannt in den Raum. Die Regie konnte. Das Dreieck wurde größer und größer. In ihm ein Kreis. „Wie ein Auge!", entfuhr es Dr. Chromow. „Wow. Das Auge Gottes!", flüsterte Wanda ehrfürchtig.

Im Hintergrund waren, fast noch unvernehmbar, leise Gesangsstimmen zu hören, die rhythmisch sangen: „Go … Go … Go … tell … tell … tell …"

Als Joey auf den Bildschirm blickte, erkannte auch er: Im Inneren des Dreiecks verbarg sich ein

Auge. Es changierte zwischen Grün und Blau; hin und wieder stieß es an die Innenseiten des Dreiecks, die sich leicht bogen, dann aber wieder in ihre ursprüngliche Form zurückschnappten.

Die Stimmen wurden lauter. „Go tell … go tell … Go tell …"

„Ein reines A", wunderte sich Joey, „darüber eine Terz und eine Quinte. Wow, was für ein Dreiklang!"

„Go tell it to … Go tell it to …"

Joey fühlte Mirais Hand in seiner und wusste nicht mehr, ob all das noch Realität ist oder ob der Schwindel der ganzen Aufregung ihn nun ihn übermannt hatte. „Go tell it to … Go tell it to …", hört er es singen und sah die selbstsichere Wanda hilflos wie noch nie auf den Bildschirm blicken.

„Regie, Regie – sagt mal: Was macht ihr da mit uns, das war nicht abgesprochen!"

Das Auge pulsierte weiter auf dem Bildschirm.

Hinter der Bühne fiel ein Vorhang und gab den Blick auf einen Chor schwarzer Gospelsängerinnen und Sänger frei. In violetten Gewändern und weißen Stolen klatschten sie gefühlvoll und sangen: „Go tell it on the mountains, over the hills and everywhere …"

Vor Schreck stand Dr. Chromow auf, kletterte aus ihrem Kulissenlabor und drängte sich an Wandas Seite. Die hatte noch immer nicht die Hoffnung verloren, dass die Regie antworten würde und sich alles als eine Art „Verstehen Sie Spaß"-Einlage entlarven würde. Der Chor wurde lauter und noch inbrünstiger. Der Chorleiter wendete sich dem Publikum zu und forderte es zum Mitklatschen auf. Binnen weniger Momente herrschte im Studio eine Atmosphäre wie in einer Gospel-Church in Harlem. „Keine Angst", tönte endlich die Stimme des Regisseurs aus dem Studiohimmel, „alles gut, Wanda, gibt 'ne Super-Quote!" Die Lautstärke des Chores übertraf mittlerweile das Startgeräusch einer Boeing. Das ganze Studio war Bewegung. Nur mit Mühe konnten sich die Kameraleute auf ihren Job konzentrieren. „Go tell it on the mountains, that Jesus Christ is born."

Nur Mirai und Joey saßen noch auf ihren roten Stühlen. Bemerkenswert gelassen. Joeys Pfeifen ließ nach. Und durch den lauten Gesang hörte er Wandas Stimme: „Jessy hat wahrlich einen besonderen Vater."

„Dies war die Wahrheit. ‚Wandas Wahrheit'", überschlug sich fast eine Sprecherstimme. „Fürchtet euch nicht! Freuen Sie sich mit uns auf morgen Nachmittag, wenn Wanda wieder der Wahrheit auf der Spur ist!" Der Gospelchor stimmte ein neues Lied an. „Wollen auch Sie ‚O happy day' als Klingelton auf Ihrem Handy?", fragte die Stimme aus dem Off, „dann wählen Sie 5–0–1–5." *Dubilidub-dam-dam.*

Eigentlich war Joey für jedes Geräusch dankbar, das seinen Tinnitus übertönte. Nun aber wurde das Pfeifen in seinem Ohr wieder unerträglich.

Victoria Fleck

Mosches Testament

„Entschuldigen Sie, sind Sie Mosche?" „Und das ist jedenfalls nicht Ihre tägliche Kleidung", blökte Mosche zurück. Samuel war über die Wiese gestapft und vor dem alten Schaf stehen geblieben, auf das der Schäfer mit einem mürrischen Nicken gedeutet hatte. Er schob den groben Hut aus dem Gesicht und wischte sich über die Stirn. In den zu großen Stiefeln war ihm die Wiese endlos vorgekommen. Erbittert hatte er sich durch die Hitze gequält, nur um jetzt von diesem filzigen Schaf angeblökt zu werden. Doch mit einem gekonnten Lächeln überspielte er seinen Frust und besann sich auf den Auftrag, der ihn hier in die Ödnis gebracht hatte. Gar nicht weit von Jerusalem entfernt und doch in eine andere Welt. „Es freut mich, Sie kennenzulernen. Gestatten Sie, dass ich Ihnen unser Projekt vorstelle? Sie könnten eine wichtige Rolle darin spielen." Sein Lächeln wurde gewinnend, streifte das Schaf allerdings nur noch, das sich bereits wieder dem spärlichen Gras zugewandt hatte. „Also hören Sie, ich möchte Sie auch gar nicht stören, Sie können ja vorerst einfach weiteressen. Ich, also wir, es ist äußerst interessant: Wir rekonstruieren das Leben unseres Heilands. Sie haben vielleicht vom Tod Jesu am Kreuz gehört? Christus, der Retter der Welt! Wir sind dabei, seine Biografie zu verfassen. Besonders interessant ist für uns natürlich seine Geburt, aber auch besonders schwierig, noch authentische Zeugen zu finden. Hmh, man sagte mir, dass Sie sich vielleicht …" „Ja, ich grase schon länger hier." „Ach, das ist ja großartig, also, wenn Sie erlauben, stelle ich Ihnen einfach ein paar Fragen und schreibe ein bisschen mit." Aufgeregt kramte er seinen Notizblock vor und zückte den Stift. „Aber ich war nicht dabei", blökte Mosche, der kurz sein Kauen unterbrochen hatte. Erschöpft sank der gerade wiederhergestellte Reporter ins Gras. Das konnte doch nicht wahr sein. Sein mühsam wiedergefundener Enthusiasmus war im Nu von der gleißenden Sonne verbrannt. Er bot einen jämmerlichen Anblick in seiner geliehenen Landausstattung. Vielleicht war es die Altersmilde, jedenfalls verschwand das hämische Grinsen schnell wieder von Mosches Gesicht und er wandte sich Samuel zu. „Also, wenn es Ihnen weiterhilft, dann erzähle ich Ihnen kurz, was ich von der ganzen Sache mitbekommen habe." Der Reporter nickte müde. Er hatte schon viele Schilderungen aus fünfter Hand erhalten und machte sich wenig Hoffnung, dass die Legende, die unter den Schafen zirkulierte, wesentlich wahrhaftiger war als die menschliche. Aber schön, sollte Mosche nur reden, er hätte jetzt sowieso nicht die Kraft, den Weg zurückzugehen.

„Ich erinnere mich noch gut an diese Nacht. Es war erbärmlich kalt. Die Nässe kroch selbst unter unser dickes Winterfell. Wir standen alle dicht beieinander und schliefen. Selbst der Schäferhund verkroch sich beim alten Schäfer am Feuer und ließ uns in Ruhe. Das klingt alles romantisch und schön, aber es schläft sich nicht besonders ruhig, wenn man jeden Atemzug seines Nachbarn mitbekommt. Na, besser als frieren." Samuel blinzelte Mosche an. „Sie waren doch dabei?", fragte er schwerfällig. Mosche blickte durch ihn hindurch. Ungerührt erzählte er weiter. „Als ich aufwachte, war es taghell. Verschlafen rieb ich mir die Augen, doch das rasende Herz meines Nachbarn machte mich augenblicklich hellwach. Ich sagte schon, dass man jeden Atemzug voneinander mitbekommt?" „Ja, ja, erlauben Sie mir nur eine Zwischenfrage: Wie genau haben sie das Licht empfunden? Grell oder warm?" Samuel war jetzt ebenfalls hellwach. „Jedenfalls hörte ich da auch schon die Lieder und sah Engel am Himmel und wir alle staunten mit offenen Mündern. Sogar die Hirten schienen beeindruckt zu sein. Na ja, das ist alles lange her. Und als die Engel wieder verflogen waren und die Nacht wieder Nacht war, da sind alle ganz aufgeregt losgelaufen. Es war ja nicht weit. Ich blieb wie schon gesagt hier. Soviel kann ich sagen. Ich hoffe, das hat Ihnen geholfen." So abrupt, wie sie begonnen hatte, hörte die Geschichte auf und Mosche widmete sich wieder dem Fressen in der sengenden Hitze so viele Jahreszeiten nach der Heiligen Nacht.

Samuel war indessen aufgesprungen und trippelte um das grasende Schaf herum. „Hören Sie! Was passierte dann? Warum um alles in der Welt sind Sie nicht mitgegangen? Waren es viele, die blieben? Durften Schafe vielleicht nicht mit? Was ist da vorgefallen? Die Engel und das Licht, davon hatte ich schon gehört. Es scheint also wahr zu sein. Aber wie genau sah die Geburt aus?" „Ich war nicht dabei", brachte Mosche unwillig hervor. Doch diesmal ließ Samuel nicht locker. Sein Reporterinstinkt sagte ihm, dass hier noch mehr zu erfahren war und er wäre nicht in dieses Projekt gekommen, wäre er nicht schon mit schwierigeren Interviewpartnern fertig geworden. Letztlich hatte er noch jedem alles aus der Nase gezogen. Samuel biss an und hakte nach. Er nutzte alle Regeln der Kunst und diesem Angriff war selbst Mosches Sturheit nicht gewachsen. „Ich habe sie noch alle bei ihrem Stolz zu fassen bekommen", dachte Samuel zufrieden, während er dem Fortgang der Geschichte lauschte.

„Nein, ich blieb als einziger zurück. Es fiel auch nicht weiter auf, sie waren zu sehr damit beschäftigt, schnell dorthin zu kommen, wo der Engel die Geburt des Heilands angekündigt hatte. Ich blieb allein zurück, denn ich mache mir nicht viel aus Engeln und Licht – Gefühlsduseleien sind das. Ich kauerte mich ans Feuer und war überzeugt, dass sie alle bald enttäuscht wieder zurückkommen würden von ihrem utopischen Traum. Mit der Kälte und Nässe dieser Nacht hatte der jedenfalls nichts zu tun. Ich weiß noch, dass ich ganz zufrieden einschlief dort am Feuer ohne Hund und mürrischen Hirten. Allerdings hatte ich mich in meinen Kollegen getäuscht. Sie sind alles andere als enttäuscht zurückgekommen. Vielmehr hatten alle so ein leicht verklärtes Lächeln auf den Lippen und blökten ununterbrochen von dem winzigen Kind, dem Retter der Welt, das in einem armseligen Stall zur Welt gekommen war. Na, immerhin ein Stall, dachte ich mir, den haben wir hier draußen nicht. Ich konnte nicht verstehen, was meine Mitschafe so sehr an der Geschichte faszinierte. Ein weiterer Mensch hatte das Licht der Welt erblickt. Das konnte uns Schafen doch herzlich egal sein. Blieb nur zu hoffen, dass er nicht Hirte wurde." Sein Blick ging wieder in die Ferne. Samuel war längst stehen geblieben. Nachdem er das Erzählrad einmal in Schwung gebracht hatte, hörte er gebannt zu. Jetzt waren weitere Fragen fehl am Platz. Das Risiko war zu groß, Mosche zu verärgern und so ließ auch Samuel seinen Blick in die Ferne schweifen und wartete.

„Ich muss gestehen, dass ich doch neugierig geworden war. Wie sehr, das merkte ich erst in der nächsten Nacht. Ich kriegte kein Auge zu. Immer wieder wurde ich von meinen Mitschafen zur Seite gestoßen, denn keiner wollte von meiner Unruhe angesteckt werden. Vorsichtig entfernte ich mich ein bisschen von ihnen, verzog mich ins Dunkel und auch der Hund interessierte sich nicht für mich. Unwillkürlich nahm ich die Fährte der letzten Nacht auf. Meine Nase führte mich immer weiter von den anderen weg und traumwandlerisch gelangte ich zu einem Stall, der spärlich mit einer Öllampe erleuchtet war. Hier endete der Weg. Hier musste es gewesen sein, die „heilige Geburt", die meine Mitschafe so um den Verstand gebracht hatte. Durch eine Luke sah ich eine stillende Frau. Sonst nichts. Ein paar verwöhnte Stalltiere standen noch drumherum und grinsten blöd. Ein bisschen so wie meine Kollegen, aber erleichtert stellte ich fest, dass die Sache hier völlig alltäglich war. Eine Frau mit ihrem Neugeborenen, ein Mann, der sich um das

Licht kümmerte und ab und zu versunken auf seine neue Familie blickte. Alles sehr rührend, aber nichts, das mir den Verstand rauben müsste. Der Regen hatte wieder angefangen und ich drückte mich näher an die Stallwand. Dicke Tropfen klopften auf das Dach und ... – die klopften den Rhythmus der nächtlichen Engelsmusik. Ich spitzte meine Ohren und meinte auch schon deren Stimmen zu hören, als sich endlich wieder mein Verstand einschaltete: Einbildung. Alles Einbildung. Jetzt nicht sentimental werden. Denk dran, was Menschen dir schon alles angetan haben. Ein Retter der Welt – der wäre ja sicher nicht nur am Wohlgefallen der Menschen interessiert, wie das die Engel behaupteten. Da mochte ihr Gesang noch so lieblich klingen. Er war verlogen. Das half. Der Regen hämmerte hässlich aufs Dach. Man konnte ihn beim besten Willen nicht mehr mit engelsgleicher Harfenmusik verwechseln. Wie beim Theater war auf einmal das himmlische Licht aus und nur noch die kleine Öllampe flackerte im zugigen Stall. Eine ganz normale Familie, die immerhin ein Dach über dem Kopf hatte, im Gegensatz zu mir." Mosche stöhnte auf. „Auf dem Rückweg war ich sehr durcheinander. Ich hatte ständig diese kleine Familie im Stall vor Augen und als wollte mich jemand ärgern, schob sich ganz unmerklich eine zweite Folie über das Bild: Ein Heiligenschein über dem Kind, die Engel in allen Ecken des Stalls, und die Öllampe flackerte nicht mehr, sondern tauchte alles in himmlisches Licht. Es war ganz offensichtlich: Hier war der Heiland geboren. Ich ärgerte mich furchtbar über mich selbst. Hatte ich das wirklich gesehen? Hatte ich nicht nur gesehen, was ich sehen wollte? Wovon die anderen mir erzählt hatten? Aber ich hatte doch genau das Gegenteil sehen wollen. Sie sehen, ich war sehr verwirrt. Und jetzt hört meine Geschichte auf. Heute bin ich immer noch verwirrt, wenn ich daran denke. Ich kann Ihnen nicht sagen, was damals wirklich war und was nicht."

„Aber das ist vielleicht gar nicht so wichtig. Vielleicht müssen wir das gar nicht immer so genau wissen." Samuel lächelte Mosche an. „Jetzt grinsen Sie mal nicht so verklärt. Das macht mich auch heute noch wahnsinnig", blökte Mosche und widmete sich wieder seiner Lieblingsbeschäftigung.

Johanna Friese

Liebeslied

„Das ist nun mal unser Job", ruft Nathanael, als sie zum Landeanflug ansetzen. Sein Freund Palomael verzieht das Gesicht. „Aber dass wir heute noch mal raus müssen …", entgegnet er. Die beiden hätten sich lieber mit Harfenspiel die Zeit vertrieben. Jetzt sind sie hier und sehen weit und breit nur flaches Land vor sich. Die kalte Luft reizt ihre Haut. Die Augen halb zugekniffen, können sie nur erahnen, wie es da unten aussieht. Nathanael vermutet, sie müssten sieben Kilometer östlich von Bethlehem entfernt sein, ganz in der Nähe von Beth Sahur. Der Wind hat zum Glück abgenommen, sonst hätten sie womöglich die falsche Richtung eingeschlagen. Aber die Dunkelheit gefällt ihnen nicht. Mit bloßen Augen erkennen sie kaum, wo flache Dornenbüsche der Landung im Wege stehen. „Mann, auf diesem kleinen Fleckchen?", schreit Palomael, schon schlägt er auf der trockenen Erde auf. Schnell rappelt er sich wieder auf und schlingt sich den goldenen Gürtel lässig um die Hüften. Er streicht sich eine blonde Locke aus dem Gesicht und während er weiter vom schönen Harfenspiel erzählt, klopft er sich ein wenig Erde von den Schultern. An seinem rechten Fuß, wo das Leder die Zehen freigibt, spürt er etwas Weiches. Ganz leise hört er es wimmern. „Vorsicht, ein Schaf", flüstert er Nathanael zu. „Die anderen müssen aufpassen. Hier sind überall Schafe." Vorsichtig tastend sucht er einen Weg im Dunkel. Richtig hell wird es hier erst werden, wenn auch die anderen Engel gelandet sind. Denn ihre gold-weißen Gewänder strahlen in der Nacht. Besonders das von Armefia. Wenn Palomael an sie denkt, wird ihm ganz warm. Armefias Gewand ist glänzender als alle anderen, ihr goldenes Haar glitzert wie ein Juwel. Leider weiß sie das; sie bildet sich furchtbar viel darauf ein. Bei jedem Auftritt der Engel steht sie ganz vorne, immer neben dem großen Gabriel, der reden darf. Gut, Schöne haben es überall leichter, aber Palomael ärgert sich am meisten darüber, dass Armefia ihn bisher keines Blickes gewürdigt hat. Für sein Geburtstagsgeschenk hat sie sich nicht bedankt. Noch nie hat sie mit ihm ein Wort gewechselt, ihn nicht einmal gesehen.

Dabei gehört er schon seit viereinhalb Jahren zu den himmlischen Heerscharen. Zum Hofstaat Gottes kommen nur die Engel mit den besten Stimmen. Von kleinauf hatten seine Eltern darauf geachtet, dass seine Stimme geschult wurde und er Instrumente gelernt hat. Zuerst Blockflöte, später Harfe. Bis heute übt er täglich. Er hat Generalbass schreiben gelernt und ein absolutes Gehör hat er auch. Wer zu den himmlischen Heerscharen gehören will, muss drei Auswahltests bestehen und ständig üben. Sogar Sport ist dabei. Für die vielen Landeanflüge und die Stimmstütze im Bauch muss man in guter körperlicher Verfassung sein. Palomael hat Glück. Er singt Tenor und Tenorstimmen sind gefragt. Nathanael und Palomael sind gerne im Engelschor dabei – außer nachts vielleicht. Manchmal dürfen sie sogar anstimmen. Einer gibt mit der Triangel den Ton an. Alle Chorstimmen bauen sich übereinander auf, bis es glasklar und hell klingt. Auf diese Weise öffnen die Engel die Herzen und erzählen von Gott.

Palomael holt eine kleine Papierrolle mit einem Lied aus seinem Gewand. Lange hat er daran gearbeitet. Immer, wenn Armefia an ihm achtlos und arrogant vorbeigegangen war, hatte er sich Gedanken über Gefühle und die himmlische Welt gemacht. Armefia kam ihm besonders menschlich vor, wenn sie sich in ihrem Erfolg sonnte und nichts anderes um sich herum gelten ließ. Immer nur neben den wichtigen, großen Engeln in der ersten Reihe. Zumindest in Palomaels Phantasie müsste es anders zugehen – im Himmel wie auf Erden. Töne hat er notiert, dazu Worte von Gott und vom Frieden. Menschliches und Himmlisches miteinander verwoben. So ist das kürzeste, kräftigste Weihnachtslied entstanden, das es gibt. „Ehre sei Gott in der Höhe und Friede auf Erden und den Menschen ein Wohlgefallen."

Wenn Palomael dieses Lied vor sich hin summt, verändert es seine kleine Welt. Nie hat er sich getraut, den anderen von diesem Lied zu erzählen. Heute Nacht fasst er sich ein Herz und reicht die kleine Papierrolle seinem Freund Nathanael weiter. Fein säuberlich geschriebene Noten in G-Dur. Fröhlicher Jubelgesang – wie gemacht für Engelsstimmen und Menschenohren. Während Armefia da vorne im Glanze steht und Gabriel den Hirten auf dem Felde verkündet: „Fürchtet euch nicht. Euch ist heute der Heiland geboren", wandert der kleine Zettel von Hand zu Hand. Einer nach dem anderen nickt. Hinten rechts in der dritten Reihe ertönt Palomaels Triangel. Die Engel erheben ihre glasklaren Stimmen und singen sein Lied auf dem Feld. So lobt und feiert der himmlische Engelschor in dieser Nacht die Geburt Jesu. Wie es so oft in der antiken Welt erzählt wurde: Bei der Geburt eines Gottes war ein himmlischer Chor dabei. Wie ein himmlisches Echo auf das, was auf Erden passiert.

Heute Nacht ist Palomaels Stunde. Sein Lied erzählt den Menschen, was die Geburt von Jesus Christus bedeutet. „Ehre sei Gott in der Höhe und Friede auf Erden und den Menschen ein Wohlgefallen", klingt es über das ganze Feld. Die Hirten bei den Schafen hören es als Erste und ahnen: Gott wurde Mensch, damit alle Menschen Kinder Gottes werden. So laufen sie nach Bethlehem und suchen nach dem Heiland.

Niemand von ihnen hat genau gesehen, was sich in jener Nacht auf dem Feld zugetragen hat. Einer fand später im Stall von Bethlehem in seiner Hirtentasche eine Triangel und das Lied.

Ulrich Haag

Weihnachten in der JVA – Christus in Block B geboren

Das bemerkenswerte an dem Vorfall ist, dass später niemand dafür haftbar gemacht wurde, kein Arrest, keine Dienstaufsichtsbeschwerde, kein Strafverfahren. Und das, obwohl der interne Prüfungsbericht jede Menge Anhaltspunkte für ein Fehlverhalten auf allen Seiten aufzählt. Es muss an den Augen gelegen haben, fasste später der Leiter der Untersuchungskommission zusammen, an den Augen der jungen Frau, die am fraglichen Tag, dem 25. Dezember, wie aus dem Nichts aus dem Schneegestöber auftauchte und sich, schwer auf ihren Begleiter gestützt, die Freitreppe zur Glaskanzel hochquälte, die den Eingang zum Hochsicherheitsgefängnis überwacht. Der Beamte hinter den Sichtscheiben hätte natürlich sofort erkennen müssen, dass die beiden, sie noch fast ein Mädchen, er Mitte dreißig und mit südländischem Aussehen, nichts, aber auch gar nichts in der Justizvollzugsanstalt verloren hatten. Womöglich hat er es sogar festgestellt und war im Begriff, die beiden mit ein, zwei barschen Sätzen abzuweisen, da fiel sein Blick auf die Hände der jungen Frau beziehungsweise den Bauch, den sie mühsam stützten.

44

„Schwanger, die Kleine, hochschwanger. Wie um alles in der Welt kommen die ausgerechnet hierhin, ans letzte Ende der Vorstadt?"

Also gut. Bevor die sich da draußen in dem Schneegestöber einen abfrieren, können sie sich genauso gut ein wenig aufwärmen. Natürlich nur im Vorraum. Und nur eine halbe Stunde. „Dann du wieder raus. Kapito?"

Der Mann nickte dankbar, die Türen der Schleuse öffneten sich. Schwer atmend sank die Frau in die Sitzgruppe. Der Mann verschwand auf der Toilette, um kurz darauf mit einem Gefäß voll Wasser zurückzukehren. Ab und an warf der Pfortenbeamte einen kurzen Blick auf die beiden, schließlich nahm der Defekt einer der Kontrollmonitore seine Aufmerksamkeit in Anspruch.

Wie das in fremdländische Gewänder gehüllte Paar in das Innere der Anstalt vorgedrungen ist, konnte die Ermittlungsgruppe nach mühsamen Recherchen klären. Der Vollzugsbedienstete D., der an diesem Tag aufgrund einer Reifenpanne eine halbe Stunde zu spät zur Mittagsschicht erschien, hat die beiden auf seinem Weg zur Abteilung offensichtlich bedenkenlos mitgenommen. Er sei davon ausgegangen, dass es sich um Besucher handele und habe sie auf der Besuchsabteilung zurückgelassen. Auf die Vorhaltung, er habe doch wissen müssen, dass der 25. Dezember ein Feiertag sei, und folglich kein Besuchstag, vermerkt der Bericht die Antwort: „Stimmt", eine entwaffnende Feststellung, die dem Beamten unter normalen Umständen jedoch weitere Unannehmlichkeiten nicht erspart hätte.

Das Weitere besorgten die zirka 60 Gefangenen der Untersuchungshaft, die gegen 15 Uhr – nach Beendigung des Weihnachtsgottesdienstes – aus der Gefängniskapelle strömten und das merkwürdige Paar wie selbstverständlich in ihrer Mitte untertauchen ließen. Dass ihr Weg nicht wie gewöhnlich durch den Tunnel führte, ist der Weihnachtslaune des diensthabenden Leiters zu verdanken, der „den Jungs heute mal frische Luft" gönnen wollte und sie gegen die Anweisung an der Besuchsabteilung vorbei über den Hof führen ließ.

Unbemerkt im Pulk über den Hof. Unbemerkt am Kontrollpunkt vorbei auf die Abteilung. Unbemerkt schließlich in eine Zelle, deren Nummer der Bericht zwar ursprünglich erwähnt, jedoch ist er an dieser Stelle – wohl aus ermittlungstechnischen Gründen – geschwärzt. Klar ist jedoch, dass es sich um eine mit lediglich zwei Mann belegte Viererzelle handelte – die Namen der Häftlinge werden im Bericht mit H. und K. abgekürzt.

„Der Frau geht es nicht gut", habe H. in der anschließenden Freistunde geäußert. „Die hält sich den Bauch und stöhnt die ganze Zeit."

„Wir müssen das melden", habe der Häftling R. gefordert (so jedenfalls der Bericht), „die gehört in eine Klinik."

„Wenn wir das melden, was meinst du, was dann hier los ist? Hinterher hat die eine Fehlgeburt."

„Wenn wir es nicht melden, willst du dann Hebamme spielen?"

„Ich nicht, aber M. vielleicht."

M. sei in seiner polnischen Heimat auf einem Bauernhof aufgewachsen und sechsfacher Vater. „Wer ein Kälbchen holen kann, kann auch ein Kind holen", sei eine seiner häufig wiederholten Redewendungen. Gemeint sei gewesen „... kann auch ein Kind zur Welt bringen", erläutert der Bericht.

Wer dem Gefangenen M. – erneut gegen alle Anweisungen – erlaubte, sich auf besagte Zelle schließen zu lassen, und das die ganze Nacht über, ob es ihm überhaupt jemand erlaubte, ist nicht mehr nachzuvollziehen. Wohl aber, dass M. mit seinem Satz vom Kälbchen und vom Kind Recht behalten sollte. Unter seiner tatkräftigen Mithilfe kam in der folgenden Nacht das Kind zur Welt. Bereits beim Austeilen des Frühstücks sprach sich die Nachricht auf der Abteilung herum, in Windeseile dann im gesamten Untersuchungs-haftblock.

„Wir brauchen Milch für die Mutter, und Quark, eiweißreiche Nahrung, die muss das Kind stillen."

„Der Vater hat eine entzündete Wunde an der Hand. Wir brauchen Alkohol zum Desinfizieren."

„Alkohol? Woher willst du den nehmen?!"

„Die Kumpels auf B 2.72 haben was angesetzt. Für Silvester."

„Mit eurem Fusel sollen wir dem Mann die Hand verbinden?"

Der Fusel erwies sich als fachmännisch gebrannt – wie, das bleibt das Geheimnis von Zelle 2.72. Auch hier: keine Anzeige, kein Verfahren, keine Disziplinarmaßnahme, noch nicht einmal Fragen.

Wie es möglich war, dass die junge Frau unbemerkt an der Freistunde teilnehmen konnte, ja, an allen drei Freistunden aller drei Abteilungen, bleibt ebenfalls im Dunkeln. Nur noch leicht auf den Oberarm ihres Mannes gestützt, zeigte sie das Kind, stolz und zugleich bescheiden, mit ihren Augen, die allen, die das Kind bewunderten, danke zu sagen schien. Der Bericht kommt zwingend zu dem Schluss, dass diese „Anbetung" des Kindes, wie er sich ausdrückt, von den aufsichtführenden Beamten nicht unbemerkt geblieben sein kann, folglich also geduldet wurde. Wahrscheinlich ist sogar, dass die Beamten die Mutter und den Vater ebenfalls beglückwünscht haben. Dafür spricht auch die Sammlung, die am folgenden Tag, einem Sonntag, unter den Häftlingen und Beamten abgehalten wurde. „Unser Kind", habe die Parole auf den Abteilungen geheißen, „unser Kleiner und seine Eltern". Woher angesichts des strikten Bargeldverbots die ausgesprochen große Summe hat stammen können, die die Häftlinge zusammenlegten, hat die Untersuchung nicht herausgefunden.

Sicher ist, dass das merkwürdige Paar, genauer gesagt nun: die merkwürdige Kleinfamilie – am nächsten Tag spurlos verschwunden war. Bei Beginn der Frühschicht fanden die zum Dienst eingefahrenen Beamten die Zellen- und Korridortüren weit geöffnet, ebenso die Haupttür. Eine umgehend eingeleitete Lebendkontrolle ergab jedoch bei den Inhaftierten keinen Fehlbestand. Anlässlich der offenen Türen wurde oben erwähnte Untersuchung eingeleitet, die dem Geschehen bald auf die Spur kam. Sie kommt zu dem Ergebnis, dass praktisch alle in der Anstalt Anwesenden, angefangen beim Inspektor vom Dienst bis zum kleinsten Beamten, ja, bis hin zu jedem einzelnen Häftling, in irgendeiner Weise an dem Vorgang beteiligt gewesen seien. Jeder habe durch ein unmerkliches, kaum zu ahndendes individuelles Fehlverhalten etwas möglich gemacht, was normalerweise völlig ausgeschlossen sei. Aber, so schließt der Bericht, wenn bei der Justiz das Unmögliche möglich wird, sei das nichts anderes als eben – Weihnachten.

Sabine Henke

Der Wirt sucht das Weite

Der Knoten saß.

Der Balken an der Decke würde halten.

Er würde nur auf den bereitgestellten kleinen Schemel steigen müssen, sich die Schlinge um den Hals legen, vielleicht noch einen kleinen, klitzekleinen Moment innehalten und sich dann mit beiden Füßen abstoßen.

In diesem halbdunklen Kellerraum fühlte er sich seltsam wohl, wenn man von Wohlfühlen überhaupt noch sprechen konnte. Eine fast andächtige Stille herrschte hier unten. Der Wind, der den ganzen Tag um die Ecken gefegt hatte, war eingeschlafen. Gedämpfte Stimmen und Schritte von den Gassen oben drangen bis nach hier unten. Es war viel los, denn der Ort war voll von Menschen, die auch jetzt, zu später Stunde, noch unterwegs waren. Die Volkszählung spülte willkommene Mehreinnahmen durch Übernachtungsgäste in die Kassen der Kollegen.

Kommt für mich zu spät, dachte er, der Konkurs ist abgewickelt. Ich bin ganz unten angekommen, ich war aber auch nie weg. Zählt mich und vergesst mich. Auf mich kommt es eigentlich gar nicht mehr an, also zählt mich nicht mehr dazu, mit mir ist nicht zu rechnen.

Er schloss die Augen und atmete tief durch. Die kühle, leicht modrig riechende Luft strich sanft über seine verschwitzte Haut. Das war ganz angenehm, so regungslos zu stehen, fand er, schließlich hatte er alle Zeit der Welt. Auf ihn wartete niemand. Ihn vermisste auch niemand.

Nach einer Weile beruhigte sich sein Herzschlag und er fühlte sich so, als umarme ihn diese Stille. Wenn er jetzt doch nichts weiter tun müsste. Einfach hier stehen und sich auflösen, auslöschen, wie man eine Öllampe auspustet, das wäre gut. Oder irgendwann umfallen. Aus und vorbei. Ohne Anstrengung.

Er war mit seinem Leben hier unten angekommen.

Angefangen hatte alles im oberen Stockwerk des Hauses. Dort hatte seine Mutter ihn in dem hellen, luftigen Schlafzimmer irgendwann vor 35 Jahren zur Welt gebracht. Als einziger Sohn glücklicher Eltern, die das Gasthaus in dritter Generation führten und ihn zwischen Schankstube und Küche aufgezogen hatten.

Nie wieder war die Welt so, wie sie ihm als Kind vorgekommen war: Man hatte wenig Gestern hinter sich, aber unzählige Morgen vor sich. Das Haus war ihm wie ein großer Schutzraum vorgekommen, in dem er sich ausprobieren konnte. Und selbst später, als es seine jungen Freunde zu Lehrstellen in andere Orte zog, da hatte er es nicht bedauert, hier zu bleiben, um mit seinen Eltern zu arbeiten und nach ihrem Tod allein verantwortlich das Haus weiterzuführen.

Alles war gut. Er war immer gern hier gewesen. Natürlich hatten sie sich lustig gemacht über ihn, er sei ein Stubenhocker, hieß es, ein Mann mit beschränktem Horizont. Sollten andere mit Holz arbeiten, zur See fahren, im Stall und auf dem Feld arbeiten, er wollte immer nur gerne in diesem Haus sein.

Er horchte in die Stille, einen Moment lang war kein Geräusch zu hören.

Es ist so windstill, dachte er, meine ganze Existenz ist windstill. Was ist daran so falsch, dass er sich nie etwas getraut hatte?

Er hatte sie gemocht, die eintönigen Tage mit ihrem vorhersehbaren Ablauf, mit den immer gleichen Vorbereitungen, der dösigen, trägen Mittagspause in der Hitze des Tages und dem trubeligen Nachmittag und Abend.

Er hatte das alles geliebt, mit Speisen und Getränken zu hantieren, wenn der Duft aus der Küche sich mit dem Geruch der Gäste vermischte.

Wasser, das spiegelnd über den Krugrand läuft, die beschlagenen Karaffen, wenn der kalte Wein sanft aus dem Fass fließt, das Rieseln der Brotkrümel, wenn der Laib gebrochen wird und das Beste: der unverwechselbar würzig strenge Duft von gekochtem Lammfleisch.

Wenn alle Tische besetzt waren, wenn Bestellungen gerufen wurden, wenn gesungen, gelacht, gejammert wurde, dann fühlte er sich mittendrin und wohl. Er brauchte nichts zu erleben, ihm reichten die Geschichten und Berichte der Gäste, das Hast-Du-Schon-Gehört? und Das-Glaubst-Du-Nicht! Er hatte ihnen Raum gegeben für Abenteuer, Erinnerungen, Pläne, Ideen, ja auch für Stammtischparolen, das gehörte halt dazu. Das Leben hatte hier pulsiert, hier war das Zentrum der Stadt.

Gewesen.

Der Abstieg hatte in dem Moment begonnen, als Judith ihn verlassen hatte.

Judith, er sprach ihren Namen tonlos mit belegter Stimme aus und erschauderte, wie das in dieser Stille hier klang. Die beiden Silben konnte er im Ohr und auf der Haut, ja mit dem ganzen Körper spüren. Juuuu ditt. Am Anfang offen, zum Ende hin geschlossen. Noch einmal sprach er ihren Namen auf diese Art aus. Ein harter Abschluss. Genau so war es gewesen.

Erinnerungen an die glückliche Phase nach der Hochzeit stiegen in ihm auf. Mit welcher Begeisterung hatte sie sich auf dieses Leben hier mit ihm eingelassen! Er hatte dieses Glück, das ja zu ihm in dieses Haus gekommen war, manchmal gar nicht fassen können. Judith hatte für jeden ein nettes Wort, konnte scherzen und war bei den Gästen beliebt. Sie hatte einen ganz besonderen Gang gehabt und sofort merkte er, dass er sich, kaum dass er daran dachte, hier im Stehen leicht bewegte. Kleine tänzerische Schritte waren das, mit denen sie die Koordinaten um die vielen Tische im Gastraum ablief. Ihre Idee war es auch gewesen, den Schankraum in den Hof hinaus zu erweitern, damit man in der Kühle des späten Abends draußen sitzen und den Duft der Oleanderblüten genießen konnte.

Das Kind, das sie sich beide so sehnlich gewünscht hatten, wollte nicht kommen.

Das war wohl der eine Grund gewesen zu gehen. Der andere war, dass sie sich unterschätzt hatte, was den gnadenlosen Alltagstrott in einem Gasthaus betraf. Immer muss ich mich mit den Menschen abfinden, die zu uns kommen, niemals gehen wir mal zu anderen, hatte sie traurig gesagt.

Es klopfte.

Wenig später hatte sie ihn verlassen. Sie habe sich das alles anders vorgestellt, hatte sie gesagt, und war mit einem Gast, einem Handlungsreisenden, mitgegangen. Was hatte er sich denn vorgestellt? Gar nichts hatte er sich vorgestellt. Er wollte einfach jeden Tag hier mit ihr arbeiten und leben.

War das Leben nicht so? Tage wie aneinandergereihte Perlen auf einer Schnur.

Kaum dass Judith fort war, hatte er die Bewirtung im Hofbereich aufgegeben und zur ursprünglichen Größe des Gastraumes zurückgefunden. Zu viel Arbeit, zu viele Wege, das war für ihn alleine gar nicht zu schaffen, und das redete er sich so lange ein, bis er es sich glaubte.

Es klopfte.

Und zwar so laut, dass es unüberhörbar war.

Langsam sickerte es in sein Bewusstsein ein, dass das seine Haustür oben sein musste, an die so hart geklopft wurde. Und nach kurzer Pause erneut. Und schon wieder. Entschlossen. Fordernd.

So unverschämt laut und gegen alle Regeln der Vernunft. Denn das ganze Haus lag im Dunklen, musste nach außen also einen verlassenen Eindruck machen.

Er spürte Wut in sich aufsteigen, wer macht so etwas? Das fragte er sich tatsächlich, als müsse er die letzte Würde seines Hauses verteidigen. Lasst mich in Ruhe und lasst mein Haus in Ruhe, das waren die Gedanken, die ihm durch den Kopf gingen, als er wutentbrannt die Treppe hochstieg.

Mit schlafwandlerischer Sicherheit bewegte er sich zügig durch den Flur, den Gastraum hin zur Tür, ohne sich auch nur einmal irgendwo zu stoßen.

Riss die schwere Tür mit einem Schwung auf, trat in den Türrahmen seines Hauses, als ginge es darum, eine Festung zu verteidigen, und wollte lospoltern.

Draußen hielt eine große, dunkle Gestalt erschrocken inne und der zum Klopfen erhobene Arm senkte sich langsam.

Der Mann sammelte sich schnell. Das notorische Klopfen täte ihm leid, begann er zu sprechen, aber es handele sich um eine Notsituation, er und seine Angetraute, er trat einen Schritt zur Seite, um den Blick freizugeben auf seine Frau, die auf einem Esel saß, eine paar Schritte hinter ihm, suchten dringend eine Unterkunft für die Nacht. Und der Ort sei ja völlig ausgebucht.

Als keine Antwort kam, holte er tief Luft und setzte nach, etwas leiser, seine Frau sei schwanger und kurz vor der Niederkunft. Und sie wüssten wirklich nicht mehr, wohin.

Die Szenerie vor seiner Tür erschien ihm seltsam unwirklich. Er nahm alles nur schemenhaft wahr, ein äußerst schwacher Lichtschein kam von einer Fackel schräg gegenüber. Trotzdem meinte er, das Gesicht vor ihm schon einmal gesehen zu haben. Zur Volkszählung fanden sich schließlich alle ein, die hier geboren waren. Nein, er wollte nicht fragen, er wollte überhaupt nichts wissen, geschweige denn erklären; diese Leute mussten sehen, wo sie blieben. Er spürte, wie sich ein Druck in seiner Brust aufbaute, sodass er nur noch Nein sagen konnte, ins Haus zurücktrat und die Tür mit Wucht ins Schloss fallen ließ.

Er war selbst überrascht, mit welcher Heftigkeit er das tat, aber der Druck wurde stärker, ein Gefühl der Schwäche stieg in ihm hoch, seine Beine wurden weich, sein ganzer Körper zitterte und bebte, er konnte sich nur noch umdrehen, sich mit dem Rücken und seinem ganzen Gewicht gegen das Türblatt lehnen und schließlich langsam zu Boden sinken. Er rang nach Luft und hörte ein fast tierisch anmutendes Aufstöhnen. Als er stoßartig ausatmete, liefen ihm die Tränen über das Gesicht.

Meine Angetraute und ich.

Der Mann vor der Tür hätte ihm ebenso gut ein Messer in den Leib rammen können, die Wirkung wäre die gleiche gewesen. Wäre er doch bloß unten geblieben! Welcher Irrsinn hatte ihn verleitet, noch einmal aus dem Keller hochzukommen? Nur um das da zu sehen. Vor seinem Haus befand sich in diesem Moment all das, was er nicht hatte.

Ein Mann und eine Frau, die sich vertraut waren. Ein Kind, das kommen würde.

Dieser schwierigen Situation, in der alle drei sich befanden, haftete sogar eine Art Gelassenheit an, weil sie immer noch sich hatten. Irgendwie würde es gehen. Er meinte, trotz der Dunkelheit ein gewisses Leuchten auf dem Gesicht der Frau gesehen zu haben. Judith war immer der Überzeugung gewesen, dass schwangere Frauen ein Leuchten haben, einen besonderen Gesichtsausdruck. Sie hatte immer gewusst, wann eine Frau schwanger war, selbst, wenn man es äußerlich noch nicht erkennen konnte.

Kassier' mal den Wein am Tisch hinten. Die Frau daneben ist übrigens schwanger.

Anfangs hatte er das für törichtes Geschwafel gehalten. Dann hatten sie sich beide gesehnt nach diesem wissenden Zug um den Mund und nach dem innen gerichteten Blick. Kleines Leuchten hatten sie es genannt. Möglich, dass es die Kraft gehabt hätte, ihr gemeinsames Leben ins Lot zu bringen.

Vielleicht hätte die Geburt eines Sohnes ihn so tief erschüttert, dass er Dinge getan hätte, die er nie für möglich hielt?

Für einen Sohn hätte er alles getan. Was, das hätte man dann gesehen. Hätte, würde, könnte.

Er weinte. Mit beiden Handrücken wischte er sich über die Augen und zog die Nase hoch. Sein Blick fiel auf die vielen Tische im Gastraum, die hochgestellten Stühle reckten ihre Beine hoch ins Halbdunkel. Wie Käfer, die hilflos auf dem Rücken liegen, dachte er.

Aus und vorbei. Du schaffst es nicht. Kommst nicht mehr auf die Füße, sagt jeder.

Geh in den Keller und bringe dich zu Ende, sagte eine Stimme in ihm.

Aber dann musste er an die stille Frau auf dem Esel denken, an die Verbundenheit zwischen dem Paar, die er ganz deutlich gespürt hatte, obwohl da auch diese Müdigkeit und Mattheit gewesen waren.

Ihm war schwindelig vor lauter Denken, Erinnern und Überlegen. Sein Körper rappelte sich auf und brachte sich in den Stand. Aber anstatt in Richtung Keller zu gehen, riss er erneut die Tür auf und schaute in die leere Gasse. Er spürte die kühle Nachtluft auf seiner erhitzten Haut.

Sie waren nicht mehr da. Natürlich waren sie nicht mehr da. Wie viel Zeit war vergangen? Er wusste es nicht. Er trat vor das Haus und ließ die Luft in seine Lungen strömen. Die Luft roch eigenartig. Irgendwie anders als sonst. Ein sternenklarer Himmel spannte sich über den Ort. Man konnte sehr weit sehen.

Ganz weit dahinten, wo die Felder begannen, da war irgendeine Unruhe auszumachen.

Ein ungewöhnlich heller Stern stand etwas weiter westlich.

Das ist ein kleines, nein, ein großes Leuchten, dachte er. Und rannte los.

Einfach los. Ohne sich umzudrehen, ohne die Tür zu schließen.

Suchte der Wirt das Weite.

Sabine Hoffmann

Esels Ohr auf halb sieben

Auf mich hört ja keiner! Ich bin ja nur die Schwiegermutter. Abgeschoben hat man mich. In einen Verschlag nahe dem Stall. Weil ich nichts mehr kann und nur noch Ballast bin. Aber jahrzehntelang die Wäsche machen in der Herberge und in der Küche die Töpfe putzen. Das durfte ich. Mein lieber Herr Schwiegersohn denkt, er macht alles richtig. Aber diesmal hat er mal wieder nicht so weit gedacht, wie ein kleines Kind springen kann. Zuerst hörte ich immer nur dieses Wimmern und Klagen. Zuerst dachte ich: Wieder diese Bettler, die ein wenig Brot zur Nacht wollen. Meine Ohren sind ja nicht mehr so gut. Aber dann war das Klagen doch zu weinerlich. Nur wegen Brot so ein Aufstand, das konnte nicht sein!

In meinem Verschlag nahe am Stall sehe ich die Tür zur Herberge nicht. Die Neugier trieb mich auf die alten Beine und ich humpelte zur Stalltür. Da sah ich die beiden.

Er war ein einfacher Mann, der seine Frau stützte. Und jetzt sah ich auch warum. Die Frau keuchte und japste, der Bauch war nicht zu übersehen. Sogar ich mit meinen alten Augen sah den bebenden Leib. Da war ganz eindeutig ein Kindlein unterwegs und nicht erst in ein paar Monaten. Was schleppt der Mann denn seine hochschwangere Frau durch die Weltgeschichte! Da bleibt man doch zuhause.

Diesmal tat mein Schwiegersohn Recht daran, dass er die beiden abwies. Wer soll denn bitteschön diese Schweinerei wegmachen? Ein Lamm schlachten ist dagegen gar nichts. Ist die Herberge denn ein Hospital? Auf dem Bett will doch keiner mehr schlafen! Wer ersetzt uns denn den Schaden? Nein, da hatte er mal ausnahmsweise Recht.

Aber er hatte ein Erbarmen. Er zeigte zum Stall. Schnell humpelte ich in meinen Verschlag zurück und schob die Decke vor. Die sollten sich ja nicht einbilden, ich mache da noch die Hebamme. Kluge Ratschläge habe ich in meinem Leben genug gegeben. Und was ist der Dank? Ein Verschlag hinten am Stall. Ich war auch meist alleine bei den Geburten und habe mich nicht so geziert.

Bei dem Gelärme wurden die Tiere ganz unruhig. Nur der Esel stand ruhig. Ist halt der Esel. Die sind töricht, wenn es ihnen passt. Zuerst weiß das Dummchen nicht, wie sich legen. Und ob überhaupt. Der Mann ist ja auch keine Hilfe. Wie denn auch, er ist ein Mann. Ein Glück, dass er nicht noch Hilfe bedurfte. Aber irgendwie schaffte sie es. Das war ein Gestöhne. Endlich klatscht da was ins Stroh und gleich hört man es schreien.

Ich sage es ungern, aber da hüpfte mein Herz schon. Neun Monate schleppt man da was im Leib herum, man weiß nicht, was es ist, ob es einen zerreißt und ob man es später satt bekommt. Aber wenn es dann da ist – unbeschreiblich. Ach, da heulten sie beide, Arm in Arm, mit dem Kindchen. Ich wischte mir auch drei Tränen weg, aber mehr waren es wirklich nicht gewesen.

Der Esel trat an das Trio heran und schnupperte. Ganz vorsichtig. Sonst immer der Tölpel, aber jetzt ganz elegant. Einfach mal so eine Geburt mitzuerleben, das ist schon ein Erlebnis. Mir wurde richtig blümerant. Nur vom Zuschauen. Irgendwie rennt einem da das eigene Leben durch den Kopf. Sieben Kinder habe ich geboren, vier davon sind noch im Kindbett gestorben. Da war das Nächste schon im Bauch unterwegs. Es blieb keine Zeit zum Trauern.

Kinder sind schon was Schönes. Warum lebt man sonst? Mein Mann war gut und hatte goldene Hände. Ein Stück Holz und er baute daraus Bett und Truhe. Der Ackerboden warf das ab, was wir brauchten, hungern mussten wir nicht. Meine älteste Tochter hat mich zu sich geholt, als er starb. Die Söhne sind weit fort. Habe keinen mehr gesehen. Die erste Zeit in der Herberge von meinem Schwiegersohn war schwer. Mein Mann hat mir gefehlt. Da nützt die Tochter nichts. Vielleicht habe ich zu viel geschimpft und mich immer eingemischt. Aber was macht mein Schwiegersohn auch immer für Dusseleien! Rein in die Kartoffeln, raus aus den Kartoffeln. Da kann man doch nicht ruhig sein. Der Mund ist zum Reden da, nicht nur zum Essen. Jedenfalls bei mir ist das so. Die Tochter sagte dann immer: „Mutter, gib Ruh." Nun ja. Sie stand zu ihrem Mann. Habe ich aber keine Ruh gegeben. Und irgendwann reichte es dem Schwiegersohn. Er wies mir den Anbau am Stall zu und verbot mir das Haus.

Dreimal am Tag kommt die Tochter mit Essen und schaut nach mir. Jetzt laufen mir schon wieder die Tränen, diese fremden Leute machen mich noch ganz kirre. Ich bin doch sonst nicht so. Das Baby schmatzt jetzt schon an der Brust und eigentlich würde ich schon gern wissen, ob es ein Junge oder ein Mädchen ist. Ich tippe auf Junge. Ist ein ziemlicher Brocken. Es ist so ruhig im Stall. So friedvoll. Also, die Schafe können ganz schön spinnen. Wenn mal ein Lamm geschlachtet wird, dann blökt die Mutter drei Tage. Und alle anderen im Chor. „Böhhh. Böhhh." Und drei Nächte dazu. Bis es dem Esel zu viel wird und er selber schreit. Dann geben die Schafe Ruhe. Aber jetzt ist es still und irgendwie komisch. Sie sollen das Baby nur ja gut einwickeln.

Die Schafe scharen sich jetzt um die drei. Sonst sind sie Angsthasen in Person. Mir soll es recht sein. Die Schafe wärmen gut. Der Esel posiert am Kopf der Frau. Das eine Ohr hängt auf halb sieben, das andere steht aufrecht wie ein Soldat. Na, das ist ein Bild. Jetzt kichere ich leise vor mich hin. Das habe ich seit Jahren nicht mehr gemacht. Mit meinem Mann habe ich gelacht. Da wackelte das ganze Haus. Aber später konnte ich nicht mehr. Meine Tochter hat keinen Humor, die hat nur Verständnis. Und mein Schwiegersohn hat Humor, aber den will ich nicht. Mit dem Humor ist das so eine Sache.

Vielleicht schaut meine Tochter später noch vorbei. Und wenn ich Lust habe, erzähle ich ihr von dem Bild mit dem Esel und der Frau. Vielleicht lacht sie dann auch. Sie kann dann gleich Milch und Suppe bringen. Die sollen sich nicht so haben. Suppe ist immer genug da. Und Milch auch. Wenn ich so drüber nachdenke, es ist bestimmt besser, dass das Kindchen im Stall zur Welt gekommen ist. In der Herberge sind manchmal harte Gesellen. Die haben kein Gefühl. Hier im Stall ist es doch gut. Jetzt habe ich den Namen gehört: Jesus. Ich wusste es – ein Junge. Jona wäre mir ja persönlich lieber, aber mich fragt ja keiner. Mir wird richtig warm ums Herz. Irgendwie komisch. Da sind wildfremde Leute. Die kriegen ein Kind. Vor meinen Augen. Und mir laufen die Tränen, als ob ich Zwiebeln schäle. Das kann nur ein Zeichen sein. Wenn mein Schwiegersohn kommt und sie verscheuchen will, dann werde ich ihm aber …! Man kann sie nicht wegjagen. Es ist irgendwie etwas Heiliges darum.

Jürgen Israel

Der trauernde Wirt

Seit Rut am 3. Elul gestorben ist, quäle ich mich durch die Tage. Nichts macht mir Freude, nirgends sehe ich einen Sinn.

Dabei bemühe ich mich, von meiner Leere nichts nach außen dringen zu lassen, und vermutlich gelingt mir das auch. Ich begrüße die Gäste freundlich wie immer, bediene sie schnell, nehme keine überhöhten Preise und versuche, jedem zu helfen. Aber ich habe keine Freude daran. Es gab ja immer einmal Zeiten, in denen wir viele Gäste hatten und weder die Schlafplätze für die Menschen noch die Abstellplätze für die Gespanne ausreichten. Wie haben wir da geräumt und überlegt, um keinen abweisen zu müssen! In der trockenen Jahreszeit haben wir manchmal Fremde mit kleinen Kindern oder Kranke in unserem eigenen Schlafraum liegen lassen, sind zu den anderen Gästen aufs Dach gegangen und haben dort geschlafen. Dabei ging es uns nicht in erster Linie ums Geld, sondern wir hatten Freude, wenn uns die Arbeit gelang. Rut besonders. Wie war sie erfinderisch, wenn sie unbedingt noch Platz für einen Strohsack brauchte. Nie wurde ihr die Arbeit zu viel. Ich entsinne mich, wie sie mich einmal hinters Haus rief und mir die viele Wäsche zeigte, die sie gewaschen und aufgehängt hatte. Ich hatte gar nicht bemerkt, dass sie lang weg gewesen wäre. Stolz und glücklich sah sie mich an.

Natürlich hatte auch sie nicht immer gute Laune, natürlich hat auch sie sich geärgert. Aber nie deshalb, weil sie der Arbeit überdrüssig gewesen wäre.

Bei jedem Wetter, und wenn wir noch so erschöpft waren, sind wir abends noch einmal ums Gehöft gegangen und haben uns wenigstens ein paar Minuten zusammen hingesetzt.

Obwohl Rut nun fast vier Monate tot ist, kann ich ihren Verlust immer noch nicht fassen. Wenn ich an ihrem Grab stehe, und ich gehe jeden Morgen zum Friedhof, begreife ich nicht, dass sie darin liegt. Wenn ich morgens aufwache, verstehe ich nicht, weshalb sie nicht neben mir liegt. Soll das denn nun das ganze Leben so weitergehen, ohne sie aufwachen, ohne sie den Tag über arbeiten, ohne sie die nächtliche Runde gehen und dann ohne sie einschlafen?

Ich kann nicht sagen, dass niemand Anteil nähme. Vor allem natürlich die beiden Kinder; sie sind selbst traurig, aber sie haben ihre eigenen Familien, ihr Alltag hat sich nicht geändert. Die Tochter hat neulich vorgeschlagen, ich solle die Gastwirtschaft verkaufen und zu ihr ziehen. Auf ihrem Hof gäbe es genug Arbeit, und ich wäre nicht allein. Aber Rut fehlte mir dort genauso, wie sie mir hier fehlt. Hier habe ich wenigstens meine gewohnte Umgebung und meinen gewohnten, mit Rut gelebten Tagesablauf – wenn mir das alles auch nicht hilft.

Und die vielen herzlichen, teilnehmenden Worte, die ich seit Ruts Tod immer wieder höre. Die meisten sind wirklich ehrlich gemeint, denn wir haben viele Freunde. Die Nachbarn und die

Verwandten wollen mir etwas Gutes tun. Ich höre, was sie sagen, denke, ja, sie haben Recht mit ihrer Mit-Trauer, mit ihren Beileidsäußerungen, mit den Versicherungen ihrer treuen Verbundenheit und auch mit den oft hilflosen Trostversuchen – aber sie erreichen mein Herz nicht. Ich hatte mir nie vorstellen können, jemals so verzweifelt, so ohne jede Freude und Hoffnung zu leben.

Das ist vielleicht die einzige Veränderung, die die Menschen in meiner Umgebung spüren: Ich singe nicht mehr. Ich habe früher stets bei der Arbeit gesungen. Und: Ich scheuche die Mägde und Knechte nicht mehr so heftig wie früher. Nicht, dass ich nicht nach wie vor auf Sauberkeit und Schnelligkeit achtete. Aber das tue ich eher aus Gewohnheit, es ist mir gleichgültig geworden.

Jetzt ist das Haus wieder voll. Ich habe mich all der Ecken und Winkel entsonnen, in denen Rut zusätzliche Schlafplätze eingerichtet hatte. Ich selbst werde heute Nacht auf dem Dach schlafen. Ganz zum Schluss, es war schon dunkel, hat mir Rut besonders gefehlt, und ich spürte meine Einsamkeit stärker als den ganzen Tag über: Ein Mann stand vor mir, seine schwangere Frau saß auf einem Esel, und sie suchten eine Unterkunft. Dass ich sie nicht abweisen konnte, war klar. Ich wollte sie aber auch nicht aufs Dach schicken, dort war noch Platz. So habe ich die vier jungen Männer, die sich im Stall schon eingerichtet hatten, gebeten, aufs Dach zu gehen und dem Paar Platz zu machen. Sie haben gescherzt und gelacht und gesagt, wenn das Kind heute Nacht noch geboren würde, müsste ich ihnen Wein spendie-

ren, am besten gleich allen Gästen, die hier über-
nachteten.

So vergnügt war ich auch einmal.

Wie hätte sich Rut um die Schwangere
gekümmert! Fürsorglich hätte sie sich ihrer angenommen und es ihr so bequem wie möglich
gemacht. Ich will der Magd gegenüber nicht unge-
recht sein, die ich in den Stall geschickt habe. Sie
hat sich große Mühe gegeben, und der Mann kam
eigens noch einmal in die Wirtsstube, um sich für
die Aufnahme und die Hilfsbereitschaft zu be-
danken. Er wirkte sehr erschöpft und ist gleich
wieder zu seiner Frau hinübergegangen.

Auch ich war erschöpft, als ich vorhin ums
Gehöft gegangen bin. Es ist heute sehr spät geworden. Trotzdem wäre mir nicht in den Sinn
gekommen, von etwas abzuweichen, woran ich
mit Rut gewohnt war, und ohne diesen abend-
lichen Gang schlafen zu gehen. Natürlich habe ich
auch einen Blick in den Stall geworfen, vermutlich
von dem Paar gar nicht bemerkt: Die Frau hat
tatsächlich ein Kind geboren. Der Vater hielt es
gerade in den Händen, als ich vorbeiging. Am
liebsten wäre ich stehengeblieben und hätte es
länger angeschaut. Aber ich sagte mir, lass die drei
jetzt allein, du kannst morgen am Tag zu ihnen
gehen und das Kind in Ruhe anschauen. Dass die
Familie morgen auf jeden Fall noch da sein wird,
wirkt wie ein Trost.

Nun sitze ich hier, wo ich mit Rut auch geses-
sen habe, und mit einem Mal habe ich das Gefühl,
ich hätte sie nicht für immer verloren. Das ist
Unsinn, denn sie liegt ja dort auf dem Friedhof
begraben, und Tote sind noch nie wiedergekom-

men. Aber das neue Gefühl lässt sich nicht unterdrücken, und ich will es ja auch nicht unterdrücken; ich will mir nur nichts vormachen und mich nicht selbst betrügen.

Auch denke ich plötzlich, mein restliches Leben müsse nicht nur stumpf und sinnlos sein. Und vielleicht wache ich morgen zum ersten Mal nicht mit dem Gefühl auf, der neue Tag sei eine riesige Last, die ich auf mich zu nehmen und zu tragen habe. So hat seit Ruts Tod jeder Tag begonnen, und ich habe gedacht, das bliebe für immer so.

Ach Rut, wärst du doch bei mir! Du schautest gewiss noch einmal nach dem neugeborenen Kind und seiner Mutter.

Ich habe das Gefühl, du bist mir zum ersten Mal seit dem 3. Elul wieder nahe.

Georg Magirius

Ungewöhnlicher Auftritt beim Kongress „Neue Engel braucht das Land"

Nein! Bitte verlassen Sie nicht den Saal! Meine sehr verehrten Damen und Herren, nehmen Sie doch in den hinteren Reihen Platz, wenn Sie es hier vorn nicht aushalten. Licht! Ist vielleicht irgendwo ein Hausmeister? Er soll volles Saallicht geben, dann blende ich nicht so sehr. Ich hoffe doch, es wird irgendwie auszuhalten sein … können Sie mich da hinten wenigstens hören? Ah so?! Sie meinen, der Vortrag wird auch in andere Säle übertragen? Gut, da ist nur meine Stimme zu hören, das wird zu überleben sein. Ja, so ist das eben: Wo ich hinkomme, blende ich – wie eben auch damals.

Ich bin eingeladen worden, um aus himmlischer Sicht Informationen zur Weihnachtsgeschichte zu liefern. Übrigens ist das der erste von mir angenommene Auftrag, der nicht von Gott kommt. Ich danke jedenfalls für die Anfrage, den Hauptvortrag auf dem Symposion „Neue Engel braucht das Land" zu übernehmen. Ehrlich gesagt, ist es die erste Vortragsanfrage überhaupt, die ich in den letzten – lassen Sie mich kurz überlegen – etwa 4000 Jahren erhalten habe. Und das, wo ich doch seit 2000 Jahren eine gewisse Berühmtheit erlangt habe. Ja, so darf man das wohl sagen, ich will mein Licht nicht unter den Scheffel stellen, das heißt, das ginge auch gar nicht, wie Sie merken, weil dort, wo ich mich sichtbar mache, Licht ist, das blendet, schillert, schmerzt, die Leute fliehen lässt. Immer dasselbe!

Ich kann es mir nicht recht erklären, warum ich eigentlich als Verkündigungsengel, der – nun ja – vielleicht keine ganz unwichtige Botschaft in der Heiligen Nacht von sich gab, sonst noch keine Vortragseinladung erhalten habe. Dabei bin ich die wohl beliebteste Rolle in Krippenspielen. Wie viele hundert, tausend oder hunderttausend lichtblonde Mädchen haben mich schon darstellen wollen! Dann ist da auch meine Bedeutung innerhalb der Kunstgeschichte – aber das wissen Sie alles viel besser als ich, schließlich sind viele Theologen, Kunsthistoriker, Kunstinteressierte unter Ihnen, wie ich dem Einladungs-Folder zum Kongress entnommen habe.

Ich habe keine Website, auf der ich Vorträge anbiete. Ich bin auch nicht auf Einladungen dieser Art angewiesen, weil ich einen Namen habe, dessen Bedeutung nicht von der Zahl der Vortragsanfragen abhängt. Entscheidend ist schließlich die Qualität der Worte, finde ich: wie man sie anbringt, gruppiert, interpretiert, also wie man Menschen faszinieren kann. Und dieses Können spiegelt sich nicht unbedingt im Terminkalender. Auch habe ich den größten Auftrag als Referent in meinem nun nicht ganz kurzen Leben bereits hinter mir – eben jenen der Heiligen Nacht. Dennoch: Noch keine einzige Anfrage von Wissenschaftlern und Weihnachtsforschern habe ich bislang erhalten! Das kratzt doch an meinem Selbstbewusstsein, da will ich mich gar nicht verstellen. Dabei verlange ich keine Unsummen, wie die Veranstalter von „Neue Engel braucht das Land!" bestätigen können. Ich bin auch gut erreichbar, habe noch nicht mal einen Agenten – wer eine Anfrage in die Engelwelt sendet, wird Antwort bekommen. Technisch ist das völlig unkompliziert, das ist eben himmlische Kommunikation, die etwas schwer zu erklären ist, es funktioniert jedenfalls ohne Satellit und Kabel, einfach so.

Wie auch immer: Jetzt bin ich ja da – mit meiner ersten Rede, die nicht vom Herr der himmlischen Heerscharen in Auftrag gegeben worden ist. So stehe ich vor Ihnen, allein, ein Einzelflieger – in Ihrer Sprache übersetzt ist das wohl so etwas wie ein Einzelgänger. Natürlich arbeite ich auch mit anderen Botschaftern zusammen – wie auch damals, als der Heiland in Bethlehem geboren wurde. Aber das Stichwort in der Heiligen Nacht habe ich gegeben, das Tutti kam dann von den anderen, da war mein Auftrag bereits beendet. Mein hohes Alter sieht man mir nicht an, das ist so bei Engeln, na, das können Sie aber auch selbst entscheiden, wenn Sie trotz der Blendung einen Blick in meine Richtung wagen. So oder so: Ich gelte als Traditionsfigur. Was soll ich, der traditionsreiche Einzelflieger und schon nicht mehr ganz junge Himmelsbote nun aber zu dem von Ihnen gestellten Thema „Neue Engel braucht das Land" sagen? Meines Erachtens ist es richtig und im guten Sinne widersprüchlich, wenn man

bei der Suche nach Neuem das Alte nicht über-
geht.

Moment, jetzt habe ich den Faden verloren ...
ich glaube, ich komme mit der Situation hier noch
nicht so gut zurecht. Meines Erachtens, das Alte
im Neuen, im guten Sinne widersprüchlich – der
für dieses Auditorium angebrachte wissenschaft-
liche Redestil ist nicht ganz engelsleicht ... da
bekomme ich Kopfweh vom eigenen Reden. Ja!
Auch Himmelswesen können Schmerzen spüren.
Das habe ich gerade erst wieder erfahren müssen, als ich für diesen Auftritt zugesagt hatte.
Sofort war ich nervös! Wollte natürlich alles
richtig machen, Ihre Erwartungen nicht auf den
leichten Flügel nehmen, habe mich also infor-
miert, wie man das auf Symposien denn so macht:
Unsichtbar und unerkannt habe ich Vorlesungen
an irdischen Universitäten im Fach Religionswissenschaft besucht. Ich gestehe: Ich konnte nicht
immer folgen. Der Vorteil als Engel aber ist:
Wenn das Kopfweh nicht mehr auszuhalten ist,
fliegt man fort. Der frühzeitige Aufbruch ist noch
nicht mal peinlich, weil niemand ihn bemerkt.
Was wollte ich eigentlich noch gleich erzählen?
Warten Sie ... ach, ich lege meinen Stichwort-
zettel jetzt zur Seite, in der Heiligen Nacht hatte
ich auch keinen dabei.

Damals referierte ich auch nicht, sondern
sang, es war die Freude, die ich ankündigte. Es
ging nicht um Kopfweh oder Wissenschaft, sondern um den Retter der Welt, der in Windeln
liegt. Anspruchsvoll an dem göttlichen Auftrag
freilich war, dass ich den Menschen etwas Gutes
sagen musste. Jetzt wundern Sie sich vielleicht:

Warum soll es denn schwierig sein, eine gute Nachricht zu überbringen? Aber es war höchst kompliziert, die Hörer zumindest einen Hauch von jener Freude ahnen zu lassen, von der ich sang. Ich wusste einfach nicht, wie ich das machen sollte, hatte Bedenken angesichts der Größe dieser Aufgabe. Denn es passiert fast jedes Mal: Menschen erschrecken, wenn ich komme. Bei dieser Gelegenheit will ich auch gleich mal etwas richtigstellen: Ich bin kein Schutzengel! Eher ein Schockengel, falls man so sagen will. Ich bin also keines jener Himmelwesen, zu denen einige Menschen unaufhörlich in Kontakt stehen, wie sie sagen. Zur Vorbereitung auf den heutigen Tag habe ich auch eine Radiosendung über Engelssehnsucht gehört. „Ich suche einen Parkplatz – und plötzlich ist da eine Lücke, die hat mir mein Schutzengel gezeigt!" Hörer riefen an, wurden in die Sendung genommen und bestätigten diese Aussage des Studiogastes mehrfach – und zwar mit der unter euch Menschen offenbar häufig gebrauchten Formulierung: „Wie mein Vorredner schon sagte ..." Das hörte ich jedenfalls einige Male: „Wie mein Vorredner schon sagte, weist mir auch mein Schutzengel einen Parkplatz zu, wenn ich am Leben zu verzweifeln drohe, weil die Parkplätze alle besetzt zu sein scheinen." Dieser Engelglaube ist in autoüberfluteten Zeiten gewiss hilfreich, ich selbst allerdings gehöre nicht zu der Klasse der göttlichen Boten, die Parklücken anweisen, bin auch nicht näher bekannt mit ihnen. Sondern ich bin ein Engel, vor dem man erschrickt – selbst wenn er die beste Botschaft der Welt zu überbringen hat.

Ich habe immer mal wieder Anflüge von Einsamkeit und Vergeblichkeit. Manchmal bin ich resigniert, wenn ich wieder einmal auf die mir bekannte Ablehnung stoße. Auftragsflieger Gottes sind eben nicht alle süß, lieblich und beliebt. Natürlich ist mir bekannt, dass Buchhandlungen und Bastelläden gerade gegen Ende des Jahres mit Engeln überschwemmt sind. „99 Engel für Leib und Seele" – von diesem Bestseller habe natürlich auch ich gehört. Aber die Engelflut genügt Ihnen offenbar nicht, sonst wäre nicht das Symposion „Neue Engel braucht das Land!" ins Leben gerufen worden. Sie suchen vielleicht nach dem 100. Engel, nach einem, der anders als alle anderen ist, nach eben jenem, der Ihnen das Neue sagen kann, das unvorstellbar Schöne, das Himmlische. Ich bin mir nicht sicher, ob ich bei dieser Sehnsucht weiterhelfen kann, eines aber weiß ich, das ist klar: Göttliche Botschaften sind keine Beruhigungsspritzen. Sie sind Trost, aber setzen eben oft auch unter Feuer, das auf eine nicht nur angenehme Weise züngelt, es ist ein Brennen, das den Auf- und Ausbruch liebt, das lodern will: Es muss, es soll sich etwas ändern! Das Feuer flüstert, knistert, prasselt und ist nichts anderes als eine ungeheure Hitze. Es kann doch nicht alles bleiben, wie es ist und immer war – nicht auf Erden, aber auch nicht im Himmel. Das unter die Menschen zu bringen, ist mein Beruf. Ich liebe ihn. Und doch, es würde mich, den Trostbringer, auch selber trösten, wenn Sie eine Ahnung davon bekommen könnten, wie sehr diese Tätigkeit isolieren kann: Man trifft verstörte Menschen an, wenn man den göttlichen Funken sät. Selten habe ich jedenfalls erlebt, dass Menschen die Arme vor Freude in Richtung Himmel strecken, wenn ich komme.

So war das auch in der Heiligen Nacht, die sehr dunkel war, nicht gerade gemütlich. Die Hirten waren wach und dösig zugleich, war mein Eindruck. Sie wirkten erfahren mit der Finsternis, saßen wie gewiss schon viele hundert Male zuvor bei ihren Schafen. Licht! Ich trat zu ihnen auf die Weide. Und dann: Zittern, Erschrecken, Staunen, Panik – die Heilige Nacht auf den Weiden nahe Bethlehem begann mit einem Schock. Und ich? Meine Reaktion war, nun ja, nicht gerade sanft, sicher auch nicht friedlich in diesem Augenblick, obwohl es doch um die Ankündigung des Friedens ging. Die Hirten hätten mir einfach leid tun sollen, gelähmte Wander-Nomaden – aus dem Hintergrund der Nacht herausgezerrt. Vom Licht um den Schutzmantel der Dunkelheit beraubt, wie nackt auf der Bühne, verkrümmt, verkrampft, die Arme vor ihren Augen, ohne Aussicht. Vermutlich wäre es anständiger gewesen, die Angst seelsorgerlich zu spiegeln, einfühlsam, empathisch – vielleicht so: „Ich sehe, ihr Hirten, ihr wirkt ganz schön erschrocken, ihr macht einen unsicheren Eindruck auf mich. Gewiss ist das auch eine Überraschung, dass ein Engel vor euch steht. Da muss man erst einmal zurechtkommen, mit solch einer fremden Situation. Vielleicht komme ich besser später einmal wieder? Ich kann euch auch einen Termin anbieten, wo wir einmal über eure Ängste sprechen können. Wohlgemerkt: Ich biete es an, ich will da nicht irgendwie drängen, denn die Verantwortung bleibt immer beim Klienten. Aber es kann, diese persönliche Bemerkung gestatte ich mir, schon heilsam sein, einmal über die durch ein Engelslicht zu Tage tretenden Schattenseiten mit jemandem zu reden." Nein! Auch so ein Engel bin ich nicht. Es war alles viel einfacher, furchtbar banal und klar: Ich war unendlich sauer! Wütend, ich hielt das einfach nicht mehr aus, dass die Menschen fliehen, mich vielleicht auch bewundern, auf verstörte Weise verzaubert sind, viele mich am liebsten übersehen, das Erscheinen ungeschehen machen wollen. Kurz: Die Hirten hatten sich in die Hosen gemacht, wodurch sie – wenigstens das – schon mal mit dem in Windeln gewickelten Messias auf erfahrungsbezogene Weise eine Verbindung aufgebaut hatten.

Was sollte ich tun? Mein Auftritt war entscheidend für den Fortgang der Heiligen Nacht. Der Anfang meiner Botschaft geriet aber eben nicht poetisch leise, war nicht engelsanft, weder neu noch alt, es war nichts anderes als – ein Schrei! Himmlisch wird das nicht geklungen haben – und es war egoistisch, ichbezogen, egomanisch – egal! Ich war endlich einmal ganz ich selbst. Ich schrie die Hirten an, die sich fürchteten: „Schluss mit eurer Angst!" Keine kaugummiartige Therapeutenstimme, sondern ein Befehl. Gemessen an modernen Handbüchern zur Seelsorge also ungefähr das Falscheste, was man machen kann: Angst lässt sich doch nicht einfach so beseitigen – vor allem nicht durch Anschreien. Aber der Schrei war eben kein Hilfsangebot, sondern die explodierte Einsamkeit eines Engels. Ein von Gott Beauftragter hoffte auf Zuwendung, auf die gnädige Zuwendung von Menschen.

Und wie das manchmal so ist: Wenn man die Fassung verloren hat, kann man ein ungeheures Volumen an freiem Atem spüren. Ich jedenfalls hatte Luft, den Verkündigungsruf vom Retter anzubringen, der zu finden sei in der Stadt Davids, in einer Krippe und in Windeln gewickelt. So frei, zart und urwüchsig intensiv habe ich seitdem vielleicht nie wieder gesungen. Dann kam der Chor der abertausend Kollegen, der vom Frieden auf Erden sang. Und ich? War schon wieder im Abflug begriffen. Denn auch das rasche Verschwinden gehört zu einem Engel jener Art, von dessen Charakter jenseits der Bibel bis heute noch kein Engelbuch Zeugnis gegeben hat – verbessern Sie mich, falls ich etwas Falsches behaupte, ich werde mir den Titel dann am Büchertisch natürlich besorgen. Warum aber habe ich nach Ausführen eines Auftrags zu verschwinden? Es ist Gottes Wille. Der Mensch wird dank Feuer, Licht, Leidenschaft und einem Engelsschrei wie meinen zwar angestiftet, den Frieden suchen muss er aber selbst. Dabei kann ihm kein Engel helfen, auch kein Schutzengel, weil es sich nämlich beim Frieden der Heiligen Nacht um etwas anderes als um eine Parkplatzsuche handelt.

Aus den Augenwinkeln sah ich noch, wie die Hirten miteinander sprachen, sich anfeuerten und mit einem Mal in Bewegung kamen: „Lasst uns nun gehen nach Bethlehem und die Geschichte sehen, die da geschehen ist." Sie brachen auf, ließen die Schafe zurück und folgten damit meinem furchtbar unhöflich vorgebrachten, wenn auch gut gemeinten Ruf. Die Angst schien sie nicht mehr zu beherrschen, was womöglich nicht passiert wäre, wenn ich den Schrecken, den sie erleben mussten, zu verhindern versucht hätte. Groß war der Schock! Und stark war der Aufbruch. Mein Platz in jener Nacht war nicht bei der Krippe, der Auftritt hatte auf dem Feld bei Bethlehem zu erfolgen. Und doch war ich neugierig, wie es mit den Hirten weiterging. So spazierte ich bald in Krippennähe umher – und erlebte den vielleicht schönsten Augenblick meines Lebens. Es war der Moment, als ich – ohne mich zu erkennen zu geben – erkannte, wie die Hirten atemlos und mit durchs Rennen roten Köpfen in dem Futtertrog Jesus erblickten. Ihre Nervosität, die Panik: Alles weg! Sie nahmen das Kind in den Arm, vorsichtig und scherzend, und die Eltern hatten keine Angst ums Neugeborene, das herumgereicht wurde – jeder der Nachtarbeiter wollte es einmal schaukeln, wiegen, seine Wärme spüren. Und ich hörte, wie einige der Hirten meinen Wutruf vor sich hinflüsterten, als wäre es ein Mantra: Schluss mit eurer Angst.

Verehrte, liebe Engelssucher des Symposions „Neue Engel braucht das Land“! Ich danke Ihnen für die Einladung, die Geschehnisse der Heiligen Nacht aus himmlischer Sicht darzulegen. Rückfragen sind – das werden Sie gewiss verstehen – nicht möglich, weil ich in dem Augenblick, wo das letzte Wort gesprochen ist, davongesaust sein werde. Aber ich bin Ihnen natürlich noch eine konkretes Statement schuldig zum Thema des Kongresses. Wie also ist denn das nun mit den neuen Engeln, die Sie fordern?! Meine Antwort: Neue Hirten braucht das Land! Solche, die sich anschreien und aufrütteln lassen – und nicht weghören, wenn jemand auf schockierende Weise Worte bringt. Dann werden Engel nicht veralten.

Angelika Obert

Den Engel habe ich verpasst

Da liegt noch der Stein, auf dem Dina mich erwartet hat. Ich weiß es noch wie gestern, wie sie da saß in ihrem weißen Kleid. Am Ölbaum bei der Tränke habe ich sie zum ersten Mal geküsst. Damals hatte ich noch keinen Bart. Wir waren so jung. Und ich liebte sie so sehr, die flinke, kleine Dina mit ihren fröhlichen Augen. Und sie mich auch. Wir lieben uns immer noch, aber es ist nicht leicht mit dem kranken Kind. Dina ist immer so unruhig jetzt. Damals war alles so leicht. Nein, das stimmt nicht. So leicht war es auch wieder nicht. Ich war ja noch so dumm. Ich konnte nichts anderes denken als Dina, aber ich wollte nicht, dass die andern es merkten.

In jener Nacht hatten wir uns heimlich verabredet, endlich. Am Ölbaum, wenn die Sterne aufgegangen wären. Den ganzen Tag grübelte ich, was ich den andern sagen sollte, damit sie mich gehen ließen. Und ich wollte Dina etwas schenken, aber ich hatte nichts. Abends waren dann die Tiere so unruhig, alles dauerte länger als sonst. Ich hatte Angst, zu spät zu kommen, und wusste immer noch keine Ausrede. Als endlich Feierabend war, die Sterne waren schon aufgegangen, rannte ich zu meinem Schlafplatz und griff das kleine Fell, das mir der Vater überlassen hatte, mein Kissen, das wollte ich Dina schenken.

Und dann bin ich im Schutz der Dunkelheit einfach weitergelaufen, ohne den anderen Bescheid zu sagen. Sollten sie denken, was sie wollten. Dass einer von uns mal in der Nacht verschwand, kam ja öfter vor. Ich rannte fast den ganzen Weg – voller Angst, Dina würde wieder gehen, wenn sie mich nicht fand. Jedenfalls würde sie sich fürchten, so allein in der Nacht. Aber sie hatte gewartet. Ganz still saß sie auf dem Stein und sah mir entgegen, als ich angestolpert kam, außer Atem. Zaghaft strich ich ihr übers Haar. Sie sagte nur: „Ich habe dir etwas mitgebracht."

Brot hatte sie mitgebracht und Trauben, ich war auch wirklich hungrig. Aber noch mehr nach ihr. „Ich habe dir auch etwas mitgebracht", sagte ich und gab ihr das kleine Fell, das nicht mehr ganz sauber war. Aber sie drückte es sich ans Herz; da war ich glücklich. „Ich hab auch noch was für dich", flüsterte sie und zog hinter dem Stein ein Bündel hervor, „hoffentlich passt es." Ein Hemd hatte sie mir genäht und ein kleines Herz hineingestickt, unter der Achselhöhle, damit man es nicht sah. Na, es würde trotzdem Mut kosten, das bei der Arbeit zu tragen. Aber den Mut wollte ich haben für Dina damals, unbedingt. Ich musste das Hemd gleich anprobieren, es spannte ein wenig an der Schulter. Dina bemerkte es voller Jammer und ich tröstete sie: „Es passt ganz genau, pudelwohl fühle ich mich darin, es ist das schönste Hemd der Welt." Ich umarmte sie und traute mich, sie zu küssen. Und sie schloss die Augen und küsste zurück. Es war dann egal, dass es plötzlich einen kleinen Riss gab und frische Luft an meine Schulter kam. Darüber mussten wir beide lachen. Dinas Hand tastete sich durch den Riss und meine Hand tastete auch nach Dinas Haut und mein Blut brauste, aber da wurden wir auch schon jäh aufgeschreckt. Etwas hatte gescheppert. Da war jemand, der sich an der Tränke zu schaffen machte, laut klagend. Er bekam den Deckel nicht auf. Erst sind wir zurückgewichen in den Schatten der Bäume. Wer war das nur, mitten in der Nacht? Was machte er da? Der Mann wirkte kopflos, beinah verzweifelt. „O Gott, warum hilft mir denn keiner?", brüllte er in den Nachthimmel. „Komm", sagte da meine mutige Dina, „komm, der hat wirklich ein Problem." Vorsichtig traten wir aus dem Schatten, Hand in Hand. Und da kam der Mann auch schon auf uns zugestürzt: „Helft mir, ich bitte euch!" Dass er Wasser brauche, stotterte er und dass er Feuer machen müsse am Futterplatz, seine Frau liege in den Wehen …" „Aber warum denn am Futterplatz?", murmelte ich. „Das ist doch egal", bestimmte Dina. „Los, hilf ihm, den Deckel abzuheben." Das tat ich dann auch. „Aber du solltest Hilfe im Ort holen", meinte ich, „der ist doch nicht weit." „Wir sind fremd, es ist spät, es ist dringend …", jammerte der Mann, „wo sollte ich denn anklopfen? Und ich kann Maria doch jetzt nicht allein lassen." Nun, wir konnten uns auch nicht in Bethlehem sehen lassen, wir waren schließlich heimlich unterwegs, das durfte nicht herauskommen. „Ich werde deiner Frau helfen", erklärte Dina entschlossen, „bring mich zu ihr. Und du, Simon, kommst nach mit dem Wasser!"

So ist sie heute immer noch, sehr bestimmt, wenn es darauf ankommt.

Schon waren die beiden auf und davon. Ich wusste nicht recht, wie mir geschah. Ich war ja noch ganz taumelig von Dinas Nähe. Aber ich gehorchte, das mache ich jetzt auch noch, man kann Dina gar nicht zuwiderhandeln. Als ich den Bottich aus der Tränke zog, riss das Hemd noch tiefer ein und mein Blick fiel geradewegs auf das gestickte Herz, das leuchtete richtig rot. Da merkte ich erst, wie hell die Nacht war. Eigenartig, dieses Licht. Kein Vollmond. Kein Tageslicht. Einfach nur Licht. Da wurde mir doch feierlich zumute.

Vor der Futterhöhle erwartete mich der Mann: „Euch hat uns der Himmel geschickt!", strahlte er, „deine Frau ist drinnen und sie hat alles im Griff. Ich bin übrigens Josef."

„Ich bin Simon", sagte ich, „und übrigens, Dina ist noch nicht meine Frau." „Das geht uns genauso", lachte er, „Maria und ich sind auch noch nicht verheiratet. Darum, du verstehst, ist es auch so schwierig mit der Entbindung."

Von drinnen hörten wir Stöhnen und kleine Schreie und dann Dinas klare Stimme: „Ruhig weiter atmen. Nicht zappeln. Ruhig liegen bleiben." Wie eine alte Hebamme hörte sie sich an, meine kleine Dina. Und dann erschien sie auch schon bei uns, mit hochrotem Kopf: „Das Wasser muss warm gemacht werden. Ihr müsst ein Feuer machen."

Nun trabten Josef und ich zurück zu den Bäumen, um Holz zu suchen. „Wie hell es ist!", staunte nun auch Josef. Und er erzählte mir seine wirre

Geschichte, die ich kaum glauben konnte, er selbst aber auch nicht. Dass Maria plötzlich schwanger gewesen sei – wegen eines Engels, wie sie behauptete. Und dass sie glaube, gehört zu haben, es werde der Messias sein, den sie gebären solle. „Sie ist so ein wunderbares Mädchen", sagte Josef, während er mit sicherem Griff die Äste brach, „sie hat sonst einen klaren Kopf. Aber zuerst dachte ich, das geht zu weit. Ich muss sie verlassen. Aber dann ist auch zu mir ein Engel gekommen. Und ich habe ihn gehört. Die Stimme, die gesagt hat, dass Maria wirklich den Messias gebären wird und dass ich sie nicht verlassen soll." Ich sah Josef von der Seite an. Irgendwie ist das auch wahre Liebe, dachte ich, wenn man so den Wahnsinn miteinander teilt.

Aber Josef sagte selbst: „Wir wissen es nicht. Wir wissen nicht, was uns da widerfahren ist. Es ist einfach ein Geheimnis, das wir miteinander tragen." Er guckte nach den Sternen, die so hell leuchteten. „Eigentlich ist ja jedes Kind ein Geheimnis", murmelte er dann. Das verstand ich damals noch nicht. Aber ich merkte, er war nicht verrückt. „Warum seid ihr nach Bethlehem gekommen?", fragte ich. Josef zuckte die Schultern. „Wegen David", antwortete er. „Wenn das Kind der Messias ist, muss es in der Stadt Davids zur Welt kommen." „In einer Futterhöhle?", fragte ich. „Ich weiß es doch auch nicht", stöhnte Josef, „frag nicht, wie soll ich das wissen, was das jetzt wieder bedeuten soll." Und ich ließ ihn in Ruhe.

Als wir genug Holz beisammen hatten, sagte ich zu Josef, er solle nur zu seiner Maria gehen, das Feuer könnte ich schon allein machen. Machte ich auch, sah zu, dass ich den Wasserbottich vorsichtig erwärmte und lauschte dabei immer wieder bang auf das Stöhnen und die kleinen Schreie, die aus der Höhle zu mir drangen. Ich dachte an meine Dina. Ob sie jetzt wirklich half, dass der Messias zu Welt kam? In diesem schmutzigen Stall? Ohne dass es jemand merkt?

Und dann hörte ich das Quäken – und Dinas Freudenschrei. Das Kind war da. „Simon, komm, das Wasser!", rief sie da auch schon. Ich tappte in die Höhle. Auch da war es seltsam hell. Strahlend hielt mir Dina den kleinen Wurm entgegen, runzlig und verschmiert, winziger als ein Lämmchen. Aber alles dran, auch Fingernägel. Es war das erste Mal, dass ich ein neugeborenes Kind sah. So hilflos, so was von zerbrechlich. Der Messias? Jedenfalls ein Wunder.

Und ganz erschöpft auf dem Stroh die Mutter, ein junges Mädchen wie Dina. Dina hatte ihr mein Fell in den Nacken gelegt, aber das zog Maria jetzt schon hervor. „Wir sollten das Kind darauf betten." „Und dein Hemd!", sagte Dina, als sie das Kind gewaschen hatte, „wir werden es in das Hemd wickeln." So zog ich das Geschenk meiner Liebsten wieder aus. Als Windel war es nicht zu eng, sondern eher reichlich. Die Ärmel passten mehrmals um den Bauch. Wir legten Stroh in den Futtertrog und das Fell darüber und dann das Kind hinein. Es schlief mit geballten Fäustchen und wir vier sahen uns an.

„Etwas zu essen wäre jetzt recht", fand Dina. Auch Josef gestand, dass er hungrig sei. „Simon", bettelte sie, „hol uns was." Der Weg zurück zu den Hürden und wieder her zum Stall würde weit sein. Aber unversorgt konnten wir die Maria und den Josef ja nicht lassen.

Erst einmal holte ich mir mein altes Hemd hinter dem Stein, es war ja kühl geworden. Und dann wanderte ich den Weg zurück, den ich am Abend gerannt war. Immer dachte ich an den Winzling im Futtertrog. Was konnte aus ihm werden? Ein toller Mensch vielleicht – aber der Retter? Kann überhaupt einer allein alle retten? Vielleicht wenn er viel Macht hat? Aber wie sollte das Kind von Maria und Josef denn je zu Macht kommen? Ob wir, Dina und ich, nun wirklich die Geburt des Messias miterlebt hatten?

Und dann sah ich sie schon kommen und hörte sie auch, denn sie sangen laut in der Nacht, die ganze Bande. Und sie hatten mich auch schon entdeckt: „Simon, wo kommst du denn her?", tönte es mir entgegen. „Wo hast du bloß gesteckt? Du hast was verpasst!" Sie waren so aufgeregt, sie merkten gar nicht, dass ich ihnen die Antwort schuldig blieb.

„Komm mit zur Futterhöhle", riefen sie, „da ist heute Nacht der Messias zur Welt gekommen. Ein Kind, in Windeln gewickelt."

„Woher wollt ihr denn das wissen?", stotterte ich entgeistert. „Der Engel!", jubelten sie, „der Engel des Herrn hat uns besucht." Und sie erzählten, dass sie den Himmel offen gesehen hätten, Gottes Licht sei über sie gekommen und wie sie sich gefürchtet hätten und wie ihnen der Engel gesagt habe, dass ihnen ein Kind geboren sei, der Messias – und sie würden es in der Futterhöhle finden. „Echt?", stellte ich mich dumm. „Aber gewiss, wir haben es alle gehört!", versicherten sie. „Da hast du wirklich was verpasst. Nachher war der ganze Himmel voller Engel und die ganze Luft voller Lobgesang. Da gab es gar keinen Zweifel mehr. Aber nun komm mit."

Es war das dritte Mal, dass ich in dieser Nacht vom Engel hörte, der die Geburt des Messias ankündigte, und nun glaubte ich es wirklich. „Ja, da habe ich wohl was verpasst", murmelte ich und war doch froh, dass ich nun mit den anderen gehen konnte. Sie hatten Geschenke dabei, zu essen genug. Nur an meine Dina dachte ich, dass man sie nun erwischen würde, mitten in der Nacht bei Maria und Josef. Aber das spielte jetzt auch keine Rolle mehr. Alle waren ja aus dem Häuschen wegen der Engel.

Dina hat uns dann auch schon von weitem kommen sehen, sie hielt sich abseits, als die Kollegen alle nacheinander andächtig vor dem Futtertrog niederknieten. „Warum hast du sie denn alle mitgebracht?", raunte sie mir zu. „War ich nicht. Ein Engel hat sie geschickt", flüsterte ich zurück. Sie drückte meine Hand: „Na, dann geh ich mal."

Es ist unser Geheimnis geblieben, dass wir dabei waren, als das Kind geboren wurde, von dem die Hirten dann erzählten, es sei der Messias. Jahre später bekamen wir selber ein Kind. Es war eine schwere Geburt, Dina wäre fast dabei gestorben. Und unser Kind war schwach, so schwach. Beinahe hätte es auch nicht überlebt. Nun ist es da und wir wissen, es wird immer Hilfe brauchen.

Wer wird ihm helfen, wenn wir das nicht mehr können? Das Kind aus der Futterhöhle? Es müsste jetzt bald acht Jahre alt sein. Wir haben nie mehr von ihm gehört. Aber wir hoffen. Nicht nur Dina und ich. Wir alle. Abends am Feuer bei den Hürden erinnern wir uns immer wieder an das, was der Engel versprochen hat. „Du hast ihn ja verpasst", sagen die anderen dann.

Georg Schwikart

Wie es war zwischen Maria und mir

Eigentlich wäre mir ein Mädchen lieber gewesen. Mädchen – die verehren ihren Papa, die schauen mit großen Augen zu ihm auf und sind stolz auf ihn! Aber mich hat man nicht gefragt, was ich mir wünsche. Mich hat nie jemand gefragt, wie es mir mit all dem geht! Was ich damals fühlte und dachte, interessierte überhaupt niemanden. Schaut einmal ins Neue Testament: Alle möglichen und unmöglichen Leute kommen darin zu Wort und werden zitiert. Manchmal mit sehr seltsamen Ansichten. Aber von mir, Josef von Nazareth, ist kein einziges Wort überliefert! Von mir scheint nichts wert und würdig gewesen zu sein, als ein Teil der Frohen Botschaft weitergegeben zu werden. Ich werde darin behandelt wie Luft! Na ja, es ist ja alles auch schon lange her. Aber einiges muss ich doch endlich mal loswerden!

Mir wurde von der Nachwelt das gewährt, was man ein „ehrendes Andenken" zu nennen pflegt. Der Preis: Ich werde als seniler Tattergreis dargestellt. Die verschleiernden Titulierungen nennen mich gern „Ziehvater" oder „Nährvater Jesu". Die einen meinten: Der war eben fromm, tat, was man von ihm verlangte, fragte nicht lange, sondern gehorchte. – Die anderen hielten mich wirklich für einen Einfaltspinsel: Lässt sich ein Balg von einem anderen unterschieben und glaubt noch, es wäre vom lieben Gott! – Manche haben ganz interessante Theorien konstruiert: Ich sei schon zu alt gewesen, um noch Kinder zu zeugen, doch immer noch ohne einen Erben für meinen Handwerksbetrieb. Deswegen sei mir die junge, schwangere Maria wie gerufen gekommen, und ich hätte ihr Kind gerne als meines angenommen.

Ihr wisst nichts! Ihr wisst nur, was im Evangelium steht. Das ist wahr, so soll es ja auch sein! Aber darin steht eben nicht alles: Wie es war zwischen Maria und mir. Und zwischen mir und Gott. Ihr müsst auch nicht alles wissen. Und wenn einige das nicht aushalten und dann meinen, sie könnten mich zum bloßen Onkel abstempeln und unsere Kinder seien einander nur Basen und Vettern gewesen – bitte, wenn's gefällt! Faselt ruhig von der keuschen „Josefs-Ehe". Aber mich als alten Trottel hinzustellen, das kratzt mächtig an meinem Handwerkerstolz!

Erstens: In einigen Heiligenlegenden liest man von mir, ich hätte als kleiner Zimmermann vielleicht mal einen Tisch geschreinert oder einen Ochsenkarren repariert. Solche Geschichten stammen von Leuten, die nicht dabei waren. Fragt lieber mich selbst: Ich war ein „Tekton", ein „Baumeister"! Das ist ein Beruf, der mehrere Handwerke in sich vereinigt: Ein Tekton kann mit Holz umgehen, aber auch mit Steinen. Eine vielseitige Tätigkeit. Ich habe Häuser konstruiert und gebaut. Entwurf, Planung und Ausführung inklusive Bauleitung: das gehörte alles zu meiner Arbeit. Das soll mir erst einmal jemand nachmachen!

Zweitens: Ich stamme aus dem Geschlecht Davids. Wer eine Berühmtheit in seiner Ahnenreihe hat, weist gerne darauf hin: Bei mir ist es König David persönlich. Ein Held, der bereits als Knabe den Riesen Goliath zu Fall brachte – nur mit der Steinschleuder! Dazu ein Dichter und Sänger, der die wunderbaren Psalmen verfasst hat. Mit seiner Musik bezauberte er König Saul. David war es, der die Bundeslade nach Jerusalem brachte.

Von David zu mir sind es achtundzwanzig Generationen, und so fließt das königliche Blut ziemlich verdünnt in meinen Adern. Leider wurde weder ein Kämpfer noch ein Liedermacher aus mir. Und ich brachte es auch nicht auf acht Frauen. Die königliche Abstammung hat mir viel Verdruss beschert, weil wir ja deswegen nach Bethlehem mussten. Aber der Reihe nach.

Selbstverständlich war ich älter als Maria; das war seinerzeit der Normalfall. Nach jüdischem Brauch soll ein Mann mit zwanzig Jahren verheiratet sein. Ich war spät dran, schon zweiundzwanzig Jahre alt. Mein Berufsgenosse Aaron hatte bereits mit achtzehn seine Frau Debora gefunden, die damals sechzehn Jahre alt war, und pünktlich neun Monate später kam die kleine Esther auf die Welt. Doch ich war ganz mit dem Aufbau meiner Werkstatt beschäftigt gewesen, nachdem ich mich selbstständig gemacht hatte. Ich nahm jeden Auftrag an und konnte mich vor Arbeit kaum retten. Meine Kunden schätzten die Qualität meiner Arbeit, denn: „Was Josef anfängt, das bringt er auch fertig!"

Ich lebte in Nazareth, einem verschlafenen Landstädtchen in Galiläa. Eines Morgens kam Joachim in die Werkstatt. Er wollte sein Haus sanieren und durch einen Anbau erweitern lassen. Ich kannte es flüchtig, wusste, in welcher Gasse er wohnte, und versprach ihm, mir die Baustelle noch am selben Tag anzusehen.

Abends suchte ich Joachim und seine Frau Anna auf. Sie saßen noch beim Abendessen und luden mich ein, mich zu ihnen zu setzen und mitzuessen. Am Tisch saß auch die Tochter der beiden, Maria, die ich von klein auf vom Sehen kannte. Inzwischen war aus dem Kind eine junge Frau von fünfzehn Jahren geworden. Sie war schlank wie eine Gazelle, mit langem dunklem Haar, ihre Haut war weiß wie der Schnee auf den Bergen Judäas, und ihre weiblichen Formen zeichneten sich reizvoll unter ihrem Gewand ab.

Als sie mir eine Schale mit Datteln reichte, trafen sich unsere Blicke. Welche Anmut sie ausstrahlte! Ich sehnte mich danach, sie zu berühren, aber mit meinen rauen, schwieligen Handwerkerhänden hätte ich mich nicht getraut.

In der Nacht tat ich kein Auge zu, weil mir immerzu das Bild des bezaubernden Mädchens vorschwebte. Schon am nächsten Tag machte ich Joachim ein Angebot für den Aus- und Anbau. Ich gebe zu: Ich suchte einen Grund, Maria wiederzusehen. Sie lächelte mir zu und errötete!

Die Sanierung dauerte einige Wochen. Erst als sie abgeschlossen war, begannen wir mit der Errichtung des Anbaus. Für manche Tätigkeiten brauchte ich Hilfe. Ich hatte meinen Freund Aaron für das Bauvorhaben eingestellt, und auch

92

Joachim packte öfter mal mit an. Wenn Balken zu schleppen und hochzuziehen waren, mussten wir sogar Tagelöhner vom Markt holen. Das Ganze war schwere Arbeit, und ich fiel abends wie tot ins Bett, aber dafür konnte ich jeden Tag Maria sehen. Eine herrliche Zeit!

Dass wir etwas füreinander empfanden, entging auch Aaron nicht. Er beglückwünschte mich, denn Maria war wirklich ein begehrenswertes Mädchen: so natürlich, wenn sie lachte, und mit einem für die Mutterschaft gut gebauten Becken. Sie würde mir viele Söhne gebären können, die mir in der Werkstatt helfen würden, sobald sie einen Hammer halten konnten, und Töchter, zu denen Schwiegersöhne ins Haus kommen würden …

Auch Anna und Joachim waren nicht auf den Kopf gefallen. Die zaghaften Annäherungsversuche zwischen ihrer Tochter und mir entgingen ihnen nicht. Eines Mittags sprach es Joachim offen aus: „Josef, unsere Tochter Maria scheint dir gut zu gefallen. Ich sehe, du kannst arbeiten wie ein Pferd. Du kannst eine Familie versorgen. Willst du Maria zur Frau haben?"

Überrascht war ich, und glücklich, und sagte sofort: „Ja!" Damit waren wir verlobt. Maria war auch einverstanden, sie freute sich wie ich. Der Hochzeitstermin wurde auf ein paar Monate später festgesetzt. Zwar bedauerte ich, noch so lange warten zu müssen, bis ich sie berühren durfte, doch ich wollte erst meine Arbeit vollenden. Nun wirkte Maria noch schöner als sonst. Ich sah sie mit anderen Augen: Ich erblickte in ihr meine zukünftige Frau. Die Mutter meiner Kinder.

Eines Morgens, als ich zur Arbeit kam, hörte ich Maria weinen. Sie wollte mich nicht sehen und nicht mit mir sprechen. Anna meinte, das habe nichts zu bedeuten; junge Frauen hätten schon mal Tage, an denen sie nah am Wasser gebaut hätten.

„Hat sie es sich etwa anders überlegt?", fragte ich ihre Mutter bange, und mein Mund war ganz trocken vor Aufregung.

„Mach dir keine Gedanken, Josef. Marias Vater und ich haben entschieden, dass du uns als Schwiegersohn willkommen bist. Maria ist ein junges Mädchen, die haben nun mal ihre Launen."

Und tatsächlich, schon am Tag darauf wirkte Maria wieder fröhlich. Doch irgendetwas an ihr war anders geworden. Das merkte ich in den folgenden Wochen: Sie nahm ein wenig zu; bestimmt, weil sie so viele Speisen für das Hochzeitsmahl versuchte. An manchen Tagen sah sie elend aus, und öfter hieß es, sie habe sich übergeben müssen.

Einmal, ich weiß es noch wie heute, saßen wir nach einem langen Arbeitstag in Joachims Haus beim Abendessen; auch Aaron war dabei. Wir erzählten und scherzten und ließen uns schließlich den süßen Nachtisch schmecken, nur Maria mochte ihn nicht. Zuerst gelüstete es sie nach dem sauer eingelegten Gemüse, und nach ein paar gierig verschlungenen Bissen verspürte sie plötzlich einen Heißhunger auf Honigkuchen.

Als wir uns verabschiedeten, sagte Aaron: „Komm, Josef, lass uns noch einen trinken gehen."

Ich entgegnete: „Keine gute Idee. Wir müssen doch morgen wieder früh raus. Und dein liebes Weib wartet auf dich."

Aber Aaron packte mich am Arm und schleppte mich in eine Schänke. „Ich muss mit dir reden", sagte er, „es ist wichtig."

Wir ließen uns einen Krug Wein bringen. „Ist etwas mit Debora?", fragte ich ihn. „Ist sie krank, habt ihr Sorgen?"

Er schüttelte den Kopf. „Nein, nein, mein Freund. Meiner Frau geht es gut. Aber mit Maria stimmt etwas nicht …"

Ich schaute ihn verdutzt an: „Was soll denn mit Maria sein? Sie sieht aus wie das blühende Leben! Und ich bin der glücklichste Mann der Welt, denn bald werden wir Mann und Frau sein!"

„Bist du dir da so sicher?" Aaron verschränkte die Arme vor der Brust und runzelte die Stirn.

Mir wurde bange. „Was soll das heißen? Was ist mit Maria?"

Da lachte er auf. „Bist du denn mit Blindheit geschlagen?", fragte er. „Oder warst du es am Ende selbst?"

Ich packte ihn am Bart, zerrte ihn daran halb über den Tisch, dass sein Trinkbecher umfiel, und schrie ihm ins Gesicht: „Was soll ich gewesen sein? Raus mit der Sprache, du Hund, sonst zünde ich deinen Bart mit dieser Öllampe an!"

„Au, lass mich los, sonst sage ich gar nichts mehr! Das tut weh!", protestierte Aaron und befreite seinen Bart aus meinem Griff. Seine Hände waren gewiss nicht weniger hart und stark als meine.

Ich sank auf die Bank zurück und holte tief Luft. „Was ist mit Maria?", fragte ich nochmals, um Selbstbeherrschung bemüht.

Nun sah Aaron sehr traurig aus. Und er sprach Worte, die ich hörte, aber nicht begriff: „Sie ist in gesegneten Umständen."

„Sie ist – was?", fragte ich. „Was soll das heißen?"

Aaron stellte seinen umgekippten Trinkbecher wieder auf und goss sich Wein aus dem Krug ein. Er legte mir beschwichtigend die Hand auf den Arm. „Josef, du musst es ihr doch auch angesehen haben. Maria erwartet ein Kind. Bei Debora war es genauso."

Ich verspürte in mir den Wunsch, diesem Kerl, der solche Gemeinheiten über meine geliebte Braut behauptete, alle Knochen im Leibe zu brechen. „Von wem?", wollte ich wissen. „Warst etwa du es?"

„Natürlich nicht." Aaron schüttelte den Kopf. „Meine Debora kann sich auf mich verlassen. Und Maria macht sich doch überhaupt nichts aus mir. Wenn ich lüge, soll mich der Ewige auf der Stelle erschlagen."

Ich Esel! Gewiss, ich hatte an Maria Veränderungen bemerkt, aber ich hatte nicht weiter über die Ursache nachgedacht oder hatte angenommen, dass sie sich auf unsere Hochzeit freute und deswegen so aufblühte: Sie wurde rundlicher, auch ihre Brüste hatten sich vergrößert. Ihre Haut und ihr Haar waren in letzter Zeit schöner denn je geworden. Dazu die Übelkeit, die seltsamen Essgelüste … Maria bekam ein Kind, und es war nicht von mir!

Damit war die Hochzeit geplatzt. Mein Ruf war ruiniert. Alle würden mit Fingern auf mich zeigen, ganz Nazareth würde über mich lachen: „Da kommt der Zimmermann Josef, dem sein Weib schon vor der Hochzeit Hörner aufgesetzt hat!" Diese Schande! Ich würde in eine andere Stadt umziehen und noch einmal ganz von vorne anfangen müssen.

Aaron harrte bei mir aus, bis wir den Krug leer getrunken hatten. Ich verspürte zwischendurch immer wieder das Bedürfnis, zu Maria zu eilen, sie zur Rede zu stellen, sie zu ohrfeigen und anzuschreien. Aber der Wein wirkte: Ich tat nichts dergleichen, sondern sank am Tisch betäubt in mich zusammen, bis der Wirt uns an die frische Nachtluft setzte.

Ich torkelte nach Hause und fiel auf mein Lager. Während ich mich noch eine Weile schlaflos wälzte, nahm ich mir fest vor, Maria keine Gewalt anzutun. Zwar war ich maßlos enttäuscht von ihr. Aber ich würde sie nicht bloßstellen, denn für mich hieß es nun, möglichst wenig Aufsehen zu erregen. So zu tun, als wäre alles in Ordnung. Den Schein zu wahren. Ich würde sie nicht schlagen, ich würde mich nur in aller Stille von ihr trennen, mein Werkzeug auf meinen Esel laden und mich vor dem ersten Hahnenschrei aus Nazareth davonstehlen. Weit weg. Vielleicht auf die andere Seite des Jordans, um dort noch einmal ganz von vorne anzufangen …

Dann träumte ich von Maria. Sie stand vor meiner Haustür auf der Straße. Das Sonnenlicht fiel auf ihr Haar und ließ es glänzen. Sie lächelte mich an. Ich wollte die Hand nach ihr ausstrecken

und sie berühren, doch ich konnte sie nicht erreichen, sie war zu weit weg. Ihr Leib wölbte sich
von dem neuen Leben, das in ihr heranwuchs, ihre
Brüste waren prall von der Milch, mit der sie es
nähren würde. Auf einmal saß sie auf meinem Esel
und ritt fort. Ich wollte ihr nachrennen, denn ich
brauchte das Tier doch, um ihm mein Werkzeug
aufzuladen, aber mir war, als wäre meine untere
Körperhälfte zur Salzsäule geworden; ich konnte
keinen Schritt gehen.

Ich wälzte mich auf meinem Lager. Der Traum
ging weiter: Der Tag brach an. Durch die Tür trat
jemand ins Haus, von strahlend hellem Licht
umflossen. „Maria!", wollte ich rufen, doch nicht
sie war es, sondern ein Engel. Er sprach freundlich
zu mir: „Josef, Sohn Davids, fürchte dich nicht.
Nimm Maria als deine Frau an. Denn das Kind,
das sie erwartet, ist vom Heiligen Geist. Sie wird
einen Sohn gebären, den sollst du Jesus nennen.
Er wird sein Volk von seinen Sünden erlösen.
Dies alles wird geschehen, damit sich erfüllt, was
der Herr dem Propheten Jesaja verheißen hat:
Eine junge Frau ist schwanger und wird einen
Sohn gebären. Er wird Immanuel heißen, das
bedeutet: Gott ist mit uns!"

Und schon war der Engel wieder verschwunden. Doch sein Licht erfüllte immer noch das
Haus.

Die Sonne stand schon hoch, als ich er-
wachte. Es klopfte an der Tür, aus dem Klopfen
wurden Faustschläge, und von draußen rief
Aaron: „Josef, mach auf! Josef!" Ich hatte den
Beginn des Arbeitstags verschlafen, war nicht auf
der Baustelle erschienen; dort hatte man mich

vermisst. Aaron war gekommen, um nach mir zu sehen.

Ich öffnete, sagte: „Es geht mir wieder gut, ich musste nur meinen Rausch ausschlafen. Geh voraus, ich komme gleich nach", und schickte ihn wieder fort. Ich wollte mich erst auf meinen Traum besinnen und fürchtete, mich nicht mehr an alles zu erinnern, wenn ich mich mit Aaron unterhielte.

Was hatte ich, berauscht vom Wein, für wirres Zeug zusammengeträumt? Maria ritt auf meinem Esel davon? Wohin? Und dann kam ein Engel zu mir? Ein Bote des Ewigen kam zu Josef von Nazareth und überbrachte ihm die Anweisung, Maria zur Frau zu nehmen? Und Marias Kind sollte nicht von einem anderen Mann stammen, sondern von einem Geist? Und es sollte „Jesus" heißen? Niemand in meiner Familie hatte so geheißen. Ich heiße Josef, nach Josef, dem Erzvater der Israeliten, der schon als Knabe Träume deuten konnte. „Josef" bedeutet: „Gott fügt hinzu", denn als die Stammmutter Rahel ihn gebar, rief sie aus: „Gott fügt noch einen Sohn hinzu."

Ich spürte: Das ist etwas, was du nicht verstehst; das ist ein Wunder, das der Ewige tut. Ich betete den Psalm Davids: „Gepriesen sei der Ewige, der Gott Israels, der Wunder tut allein, und gepriesen sei der Name seiner Herrlichkeit in Ewigkeit, und es erfülle seine Herrlichkeit die ganze Erde. Amen." Schließlich kam eine große Gelassenheit über mich.

Geradezu beschwingt eilte ich dann zu Joachims Haus. Ich wollte Maria sehen, ich wollte ihr sagen, dass ich sie liebte und dass es mir egal sei, von wem das Kind sei, das sie erwartete.

Doch Maria war nicht da. Anna erklärte: „Sie ist auf dem Weg zu ihrer Verwandten Elischeba in die Berge und wird dort ein paar Wochen bleiben. Sie hat heute früh auf dich gewartet, um sich zu verabschieden. Als du nicht kamst, musste sie los, denn über Mittag wäre es zu heiß geworden auf der Reise."

„Ein paar Wochen? Aber was ist mit …" Ich holte tief Luft. „Was ist mit dem Kind, das sie erwartet? Ich bin kein Dummkopf – man sieht es ihr doch an!" Das war ein wenig geprahlt, denn, offengestanden, wenn Aaron mich nicht aufgeklärt hätte, wüsste ich von nichts. Ich schämte mich gleich dafür und senkte den Kopf. „Ich wollte Maria sagen, dass ich sie liebe und dass ich sie zur Frau nehmen will, ganz egal, von wem es ist."

Anna nickte lächelnd. „Ich weiß, Josef. Es wird alles gut werden. Schau, Elischeba und ihr Mann, der Priester Zacharias, haben viele Jahre lang vergeblich auf ein Kind gehofft, bis sie in das Alter kamen, wo man keine Kinder mehr in den Armen wiegt, sondern Enkel. Da kam der Engel Gabriel zu Zacharias und versprach ihm, dass seine Frau ein Kind gebären werde. In ihrem Alter! Zacharias wollte es nicht glauben! Seither hat er die Sprache verloren, er muss alles aufschreiben. Ein schlimmes Los für einen Priester! Jetzt ist es schon soweit, dass man das Kind in Elischebas Leib strampeln sieht. Dem Ewigen ist alles möglich; große Dinge tut er an uns!"

Maria war bei Elischeba und Zacharias, als deren Kind geboren wurde. Am achten Tag nach seiner Geburt wurde der kleine Junge beschnitten. Als man seine Eltern fragte, ob er nach seinem Vater Zacharias heißen solle, verlangte Elischeba, ihn Johannes zu nennen. Die Nachbarn und Verwandten wunderten sich: „Warum denn? So heißt doch in eurer Verwandtschaft kein Mensch!"

Zacharias, der ja nicht sprechen konnte, kritzelte hastig auf eins seiner Wachstäfelchen: „Er heißt Johannes!" Von diesem Augenblick an konnte er wieder sprechen, und alle priesen den Allerhöchsten, den Gott Israels, für seine Barmherzigkeit. Zacharias weissagte dem Kind, dass es ein Prophet des Höchsten werden und dem Herrn vorangehen werde.

Maria lernte von Elischeba, wie man einen Säugling versorgt, und durfte dem kleinen Johannes auch die Windeln wechseln. Als sie nach ein paar Wochen wieder ins Elternhaus zurückkehrte, war ihr Leib schon dick und rund. Bald würde das Kleine auf die Welt kommen.

Zur Begrüßung gab ich ihr vor den Augen ihrer Mutter Anna den ersten Kuss, obwohl wir bisher nur verlobt waren. Sie nahm meine Hand, legte sie auf ihren Bauch und lächelte. „Spürst du es? Es hüpft vor Freude!"

Da war ich so glücklich, als wäre das Kind in ihrem Leib mein Kind. Es *war* mein Kind! „Nächste Woche wird geheiratet!", bestimmte ich. „Ich will, dass du meine mir anvertraute Frau bist, wenn mein Sohn geboren wird."

Ein paar Tage darauf kam Joachim nach Hause und berichtete aufgeregt: „Der Bote des Statthalters ist in der Stadt! Es findet eine Volkszählung statt! Jeder muss in die Stadt, aus der er stammt, und sich dort von den Römern in eine Steuerliste eintragen lassen."

„Was bedeutet das?", fragte Maria.

„Oh weh! Das bedeutet für mich, ich muss in die Stadt meiner Väter – nach Bethlehem! Das darf doch nicht wahr sein! Wir wollen doch nächste Woche heiraten!", rief ich bestürzt.

„Nach Bethlehem, ist das weit?"

„Sehr weit. Mindestens fünf Tagesreisen", antwortete ich düster.

„Ich komme mit dir", meinte Maria. „Wir gehören doch zusammen als Mann und Frau, da sollen sie uns auch gemeinsam in diese dumme Liste eintragen."

Anna schüttelte den Kopf. „In deinem Zustand, mein Kind? Das kommt nicht in Frage! Fünf Tagesreisen, und dazu noch in die Berge hinauf. Das ist verantwortungslos gegenüber dem Kind, das du unter dem Herzen trägst. Es kann jeden Tag soweit sein, dass es zur Welt kommt!"

„Ach, Mutter. Nun mach dir doch keine Sorgen. Ich bin doch gerade erst von Elischeba zurückgekommen. Das Reisen hat mir überhaupt nicht geschadet und dem Kind auch nicht. Es ist wohlauf und tanzt mir im Leibe, fühl doch mal!"

Ich konnte Annas Bedenken verstehen, aber ich war auch stolz, dass meine Verlobte bei mir sein wollte, zu mir gehören wollte.

Anna wiegte den Kopf. Stirnrunzelnd meinte sie: „Nun ja, wenn ihr in zwei Wochen wieder zurückkehrt, dann könnte es gerade hinkommen, dass das Kind erst zur Welt kommt, wenn ihr wieder zu Hause seid."

„Das schaffen wir schon!", meinte Maria fröhlich.

Gleich am nächsten Tag machten wir uns auf den Weg, Maria auf unserem Esel, ich zu Fuß nebenher. Wir zogen durch Wüsten und Wälder, durchquerten Bäche und stiegen auf schmalen Saumpfaden bergan und bergab. Auf den breiteren Straßen war einiges los. Wir begegneten Bauern mit Ochsenkarren, Kaufleuten mit Kamelkarawanen, Reitern auf Pferden, Kamelen und Eseln, marschierenden römischen Legionären und Pilgern, die alleine oder in Gruppen unterwegs waren. Die meisten, die auf dem Weg nach Süden waren, wollten wohl nach Jerusalem.

Das Auf und Ab über Stock und Stein auf dem Eselsrücken machte Maria zu schaffen. Mit einer Hand klammerte sie sich krampfhaft am Sattel fest, mit der anderen versuchte sie oft, ihren Bauch zu stützen, als wollte sie das Kind davor bewahren, unterwegs geboren zu werden. Manchmal fiel sie fast vom Esel. Abends klagte sie, ihr tue alles weh, und fiel in jeder der billigen Herbergen, die wir uns leisten konnten, erschöpft auf den Strohsack.

Auf dem Weg von Jerusalem nach Bethlehem kamen wir am Grab der Stammmutter Rahel vorbei. Das erste Buch der Tora, Bereschit, berichtet von ihrem Tod. Rahel war viele Jahre lang unfruchtbar geblieben; endlich wurde sie doch noch Mutter und gebar unserem Erzvater Jakob, dem der Höchste den Namen „Israel" gegeben hat, den Sohn Josef.

Als Rahel zum zweiten Mal schwanger war – Jakobs andere Söhne waren schon längst erwachsene Männer –, war Jakob mit den Seinen unterwegs von Bethel nach Bethlehem. Kurz bevor sie Bethlehem erreichten, setzten bei Rahel die Wehen ein. Sie gebar in einem Zelt am Straßenrand den Sohn Benjamin und verstarb an der schweren Geburt. Jakob setzte einen Stein auf ihr Grab, der heute noch dort zu sehen ist.

Um sie zu ehren, hielten wir an der Stelle kurz an. Ich half Maria vom Esel und hob zwei Steine auf; einen für Maria, da sie sich kaum zu bücken vermochte. Die Steine legten wir andächtig auf Rahels Grab zu den unzähligen anderen, die da schon lagen. So ist es Brauch bei uns Juden. Wir sprachen ein Gebet. Maria murmelte düster: „Sie war auch schwanger und wollte auch nach Bethlehem. Sie hat es nicht geschafft. Sie ist gestorben." Eine Träne rann ihr aus dem Auge.

Am Abend des fünften Reisetags erreichten wir Bethlehem, das ein paar römische Meilen südlich von Jerusalem liegt. Um uns bei der römischen Verwaltung zu melden und uns in die Steuerliste eintragen zu lassen, war es schon zu spät. Außerdem war Maria todmüde und meinte, ihr Rücken breche entzwei. Wir brauchten vor allem eins: ein Nachtquartier.

Ich versuchte es bei der ersten Herberge, die am Wegesrand lag. „Wir kommen von weit her", erklärte ich den Wirtsleuten, „aus Nazareth in Galiläa. Wir sind seit Tagen unterwegs, und meine Frau ist hochschwanger. Sie braucht dringend einen Schlafplatz."

Der Wirt schüttelte den Kopf. „Gibt's nicht."

Ich holte meinen Geldbeutel unter dem Gewand hervor. „Ich kann dafür bezahlen!", sagte ich und schüttelte das lederne Säckchen, dass die Münzen klimperten. Durch Joachims Bauvorhaben hatte ich schließlich einiges verdient.

„Hab doch gesagt, es ist keine Kammer mehr frei", wiederholte der Wirt. „Alles voll. Haut ab, versucht es woanders."

Wir zogen weiter bis zur nächsten Herberge. Auch dort gab es keinen Platz für uns. Es schien, als hätte alle Welt beschlossen, in diesen Tagen nach Bethlehem zu reisen und dort zu übernachten. Von Herberge zu Herberge arbeiteten wir uns bis zur Ortsmitte durch – ohne Erfolg. Um die Pforten der Herbergen und Garküchen verstreut lagen Menschen auf der Erde, die die Quartiersuche schon aufgegeben hatten, und einfach auf der Erde schliefen, als wären sie an Ort und Stelle vor Müdigkeit umgefallen. Einer lag schnarchend neben seinem knienden Kamel, bei dem er es in der Nacht sicher warm hatte.

In einer Nebenstraße entdeckten wir eine Schänke; Lärm drang heraus und ein Mief von Schweiß und Wein. Maria hielt sich die Hand vor den Mund. „Ich glaube, mir wird übel", stöhnte sie und krümmte sich. „Bitte geh da alleine hinein."

Ich fragte den Wirt nach einer Kammer. Er lachte nur höhnisch.

Ich legte eine Münze auf die Theke, einen silbernen Denar mit dem Bild des Kaisers Augustus; das war der Tageslohn eines Arbeiters. „Ich habe draußen meine schwangere Frau gelassen. Die braucht dringend einen Schlafplatz. Bitte hilf uns!"

Der Wirt schnappte blitzschnell den Denar, rief seine Frau und gab ihr eine Anweisung. Sie ergriff eine Pechfackel, entzündete sie am Herdfeuer und ging mit mir hinaus. Es dunkelte. Draußen wartete Maria beim Esel. Sie klammerte sich am Sattel fest, sonst wäre sie wohl zu Boden gesunken.

Mit einem Kopfnicken bedeutete die Wirtin uns, ihr zu folgen. Ich führte den Esel mit Maria hinter ihr her, durch Hinterhöfe und enge Gassen, bis wir wieder am Stadtrand angekommen waren. Der Esel bockte zwischendurch, und als ich ihn am Zügel zog und mit einem Stecken schlug, schrie er laut und heiser. Über uns an einem der Häuser ging ein Fenster auf, und jemand schimpfte: „Ruhe da unten!"

Dann hatten wir es geschafft und standen vor einer Stalltür aus grob bearbeiteten Latten, die ihre beste Zeit längst hinter sich hatte. Die Wirtin öffnete sie, und wir folgten ihr in eine Art Gewölbe. Im Fackelschein erkannte ich einen großen Haufen Stroh und Heu, eine Futterkrippe, eine Mistgabel, einen Wasserkübel und bäuerliches Gerät wie einen Pflug, ein Ochsenjoch und einen Dreschflegel.

Einziger Bewohner des Stalls war ein Ochse, der, aus dem Schlaf gerissen, aufstand und unwillig muhte. Als wir ein Stück weiter hineingingen, sah ich, dass der Stall hauptsächlich aus einer Höhle im Fels bestand, die entweder natürlichen Ursprungs war oder vor langer Zeit hineingehauen worden war. Nur die Frontseite mit der Stalltür und dem Vordach darüber bestand aus Holzlatten. Drinnen stank es mächtig nach dem Dung des Ochsen.

„Besser als nichts, oder?", meinte die Wirtin.

Am liebsten hätte ich geantwortet: Frau, wie könnt ihr uns das antun? Das ist ja unverschämter Wucher, eine stinkende Stallhöhle für einen ganzen Denar! – doch Maria sah mich abgekämpft an, schüttelte den Kopf und bat leise: „Lass gut sein, Josef, Lieber, lass uns hier bleiben, ich kann nicht mehr!" Dann biss sie sich auf die Lippen und krümmte sich.

Die Wirtin steckte die Fackel in einen eisernen Ring, der an der Höhlenwand befestigt war, dicht beim Ausgang, so dass der Rauch durch die Lücke über der Stalltür abzog. „Die lasse ich euch da. Das kostet extra. Einen Sesterz pro Nacht. Die Fackel, meine ich. Aber passt mir ja auf, dass ihr das Stroh nicht in Brand steckt!"

Maria sank aufs Stroh nieder. Die Wirtin verschwand grußlos.

Ich bereitete Maria ein Lager aus Stroh, dicht neben dem Brett, hinter dem der Ochse lag. Der roch zwar etwas streng, gab aber wohlige Wärme ab. Maria legte sich nieder, krümmte sich zusammen und stöhnte ab und zu; immer wieder fiel sie in einen kurzen Erschöpfungsschlaf.

Jetzt konnte ich mich auch um unser braves, unentbehrliches Lasttier kümmern, unser Eselchen. Ich nahm ihm Sattel und Zaumzeug ab, fütterte und tränkte es, klopfte ihm dankbar den Hals und rieb es mit Stroh ab.

Im matten Fackelschein schaffte ich den Mist und das schmutzige Stroh hinaus ins Freie auf den Misthaufen. So roch es im Stall schon viel weniger streng. Ich schüttete den beiden Tieren trockenes Stroh auf, holte draußen frisches Wasser vom Brunnen, füllte ihnen die Futterkrippe mit Heu und stellte den Esel neben den Ochsen. Der wandte nur ein wenig den Kopf nach seinem neuen Stallgefährten, schnaubte einmal und kaute gelassen weiter an seinem Heu. Gut so, die beiden würden sich vertragen. Ich sagte leise: „Der Ewige hat alle Tiere, alles Vieh, alles Gewürm und alle Vögel erschaffen, damit sie seinen Namen und seine Herrlichkeit lobpreisen! Aber, bitte, nicht wenn Maria schläft …"

Als ich zu Maria auf ihrem Strohlager zurückkehrte und mich über sie beugte, war der Boden unter ihr nass, als hätte der Ochse eben den Wassereimer umgestoßen.

„Was ist …", wollte ich fragen.

„Die Fruchtblase ist geplatzt", hauchte Maria, „es geht los!"

Es ging los? Was? Wie? Die Geburt? Jetzt? Hier?

Da öffnete sich quietschend die Stalltür, und die Wirtsfrau stand mit ein paar Decken auf dem Arm da und einer zweiten Fackel in der Hand. Verdutzt fragte ich: „Was, Decken? Kosten die auch extra?"

Maria stöhnte auf einmal, dass es mir durch Mark und Bein ging. „Was ist denn, Mädchen, setzen die Wehen ein?", fragte die Wirtin.

„Dich schickt der Allerhöchste", hauchte Maria nur.

Die Wirtsfrau wandte sich nach mir um: „Ist das dein Weib? Ist es ihr erstes?" Ich nickte und brachte nur ein Krächzen zustande.

„Dann wird es nicht so schnell gehen", befand die Wirtin. „Ich bleibe bei ihr. Habt ihr saubere Tücher mit? Windeln? Lauf rasch zur Herberge, sag meinem Mann Bescheid: Ich brauche Wasser; die Mägde sollen es auf dem Feuer wärmen. Lasse dir zeigen, wo die Hebammen wohnen. Da lauf hin, wecke sie auf und hole sie her, sie sind das gewöhnt."

Ich rannte davon. Aber wo musste ich denn hin? Es war finstere Nacht, und ich war nicht mehr in Bethlehem gewesen seit meiner Bar Mizwa, die fast zehn Jahre zurück lag. Ich kannte mich hier überhaupt nicht mehr aus! Wo stand denn jetzt der Mond? Wo war denn die Landstraße nach Jerusalem?

Als meine Augen sich an die Dunkelheit gewöhnt hatten, machte ich in einer Richtung einen Lichtschein aus und Rauch von einem Herdfeuer, der in den Nachthimmel stieg. Da musste noch jemand wach sein! So fand ich glücklich in die Ortsmitte. Richtig, da war die Garküche, vor deren Pforte noch immer das Kamel und sein schnarchender Herr nächtigten. Von hier aus in die Nebenstraße, noch einmal um die Ecke, und da war sie, die Herberge.

Sie war noch geöffnet; ich stürzte hinein. „Meine Frau bekommt gerade das Kind!", rief ich. „Wirt, wo bist du? – Deine Frau schickt mich. – Ah, hier! – Sie braucht heißes Wasser und Tücher! In eurer Stallhöhle! – Wo geht es zu den Hebammen? Sie müssen kommen, sofort!"

„Sie sind meine Nachbarinnen", sagte ein Gast, „ich gehe sie holen. Schreib's an, Barak."

Neugierige begleiteten mich ein Stück weit auf dem Rückweg zum Stall. Ich hätte ihn fast nicht wiedergefunden, weil ich einen Zuber mit warmem Wasser vor mir her trug und mich bemühte, in der Dunkelheit nicht allzuviel davon zu verschütten. Aber dann hörte ich die Schreie, die Maria hervorstieß; es klang, als würde sie gefoltert, und machte mir Angst. Würde sie jetzt gleich sterben wie unsere Stammmutter Rahel? Außer der Wirtsfrau waren inzwischen noch weitere Frauen in den Stall gekommen. Sie hockten dicht um Maria herum und beugten sich über sie, so dass ich kaum etwas von ihr sehen konnte. Sie wischten ihr den Schweiß vom Gesicht, kühlten ihr die Stirn und hielten ihre zu Fäusten geballten Hände.

„Noch einmal!", rief eine der Frauen. „Gut so! Fester! Gleich ist es geschafft!" Eine andere erblickte mich aus dem Augenwinkel, wie ich ratlos herumstand, den Zuber in den Händen, da wandte sie sich um und keifte: „Raus hier, aber schnell! Das hier ist nichts für Männer! Stell das hin und pack dich fort!"

„Aber ich b- ... bin doch der Vater ...", protestierte ich schwach.

Auf einmal stieß Maria einen Schrei aus, dass ich dachte, nun wäre es aus mit ihr! Aber dann hielt eine der Frauen ein Neugeborenes in die Höhe, blutig und ganz verschmiert, das noch an der Nabelschnur hing. Es gab ein Maunzen von sich, das klang wie bei Katzen, die sich in einer Frühlingsnacht balgen, und die Frauen jauchzten.

Da stimmten der Ochse und unser Esel in diesen Chor mit ein, wie es ihnen gegeben war. Glaubt nicht, dass ich dummes Zeug rede. Es war wirklich so, ich war dabei, nur ist es wahrscheinlich außer mir niemandem aufgefallen, und des-

110

wegen steht es nirgends geschrieben: Die Tiere spürten, dass in dieser Nacht ein ganz besonderes Menschenkind geboren war. Der Ochse muhte, der Esel schrie, die Frauen lachten und schnatterten durcheinander, und ich stand da, hielt immer noch den schweren Zuber in den Händen, in dem das Badewasser schwappte, und weinte vor Freude! Mein Sohn war geboren! Ich hatte einen Sohn!

Zwei der Frauen versorgten Maria, die anderen nabelten das Kindlein ab, wuschen es im warmen Wasser und wickelten es in Windeln. Sie legten es Maria in den Arm. Die küsste es zart und lächelte mir zu, verschwitzt und erschöpft, aber selig! Dann schlummerte sie ein.

Ich durfte meinen Sohn kurz im Arm halten. Sein Gesicht sah rot und runzlig aus. „Er heißt Jesus!", bestimmte ich.

„So sei es", antworteten die Frauen. Sie nahmen den Tieren die Futterkrippe weg, legten sie mit frischem Heu und Windeln aus und betteten unser Kind hinein. Dann machten sich die Geburtshelferinnen eine nach der anderen auf den Heimweg.

Endlich allein!, dachte ich, denn mittlerweile war auch ich todmüde und hoffte, ein paar Stunden schlafen zu können. Doch, als ob es für heute nicht längst genug gewesen wäre, stand unerwarteter Besuch vor der Stalltür. Es waren ein paar Hirten.

„Was wollt ihr denn hier, so spät in der Nacht?", flüsterte ich, um Maria und unser Kind nicht aufzuwecken.

„Heute Nacht ist hier ein Kind geboren", antwortete ein Hirtenjunge. „Es liegt in einer Krippe. Das wollen wir sehen!"

„Hat sich das schon bis zu euch da draußen auf den Weiden herumgesprochen?", fragte ich verwundert.

Ein alter Hirte nickte. „Wir hielten Nachtwache bei unseren Schafen. Auf einmal wurde es ganz hell um uns, als bräche der Tag schon an, und wir kriegten es mächtig mit der Angst. Aus dem Licht kam ein Engel auf uns zu. Der sagte, heute sei ein Tag der Freude für die ganze Welt. Hier in Bethlehem sei heute der Messias geboren. Wir würden ihn daran erkennen, dass er in Windeln gewickelt in einer Futterkrippe liege. Dürfen wir ihn sehen? Bitte!"

„Lass sie ein, Josef", bat Maria auf ihrem Strohlager.

Zaghaft traten die ersten von ihnen in unsere armselige Stallhöhle und näherten sich der Krippe. Sie schauten andächtig auf unser neugeborenes Kind, staunten, freuten sich und priesen den Allerhöchsten. „Es ist alles ganz genau so, wie es uns der Engel beschrieben hat", sagte der alte Hirte. „Das Kind ... die Krippe ... das ist der Messias! Das muss er sein!"

Sie hatten auch Geschenke für uns mitgebracht: Brot, Käse, Datteln, Honig und ein schönes, weiches Schaffell, um das Kind damit zu wärmen. „Habt alle Dank, ihr lieben Leute", sagte Maria. „Ich werde ganz gewiss alles, was ihr gesagt und getan habt, mein Leben lang in meinem Herzen bewahren. Aber nun lasst uns bitte schlafen. Wir sind sehr, sehr müde. Die Gnade und

Barmherzigkeit des Allerhöchsten sei mit euch allen."

Nun wollt ihr sicher wissen, wie es mit uns weiterging. Wie ihr euch denken könnt, blieben wir nicht lange in der Stallhöhle, denn die Hirten und die Frauen, die bei der Geburt dabei gewesen waren, erzählten natürlich überall herum, was sie gesehen und erlebt hatten. Da wollte unser Wirt sich nicht lumpen lassen. Er holte uns am nächsten Vormittag mit seinem Karren aus dem Stall ab, und brachte uns in seiner Herberge in einem sehr ansprechenden Quartier unter, das sich gewiss nur ein reicher Kaufmann leisten konnte. Ich möchte nicht wissen, wen er wegen uns an die Luft gesetzt hat. Unseren Esel ließen wir einstweilen bei dem Ochsen; ich sah täglich nach ihm.

Vermutlich witterte der Wirt ein gutes Geschäft, wenn es sich herumsprach, dass die junge Familie aus Galiläa mit dem ganz besonderen Neugeborenen in seiner Herberge zu Gast gewesen war. Man kennt das ja: In unserer Gegend gibt es alle paar Schritte eine ganz besondere Stätte, zu der man Fremden und Pilgern gerne den Weg zeigt. Gegen ein kleines Trinkgeld, versteht sich: „Dies war einmal das Feld des Boas, auf dem Ruth Ähren aufgelesen hat", oder: „In dieser Höhle verrichtete König Saul seine Notdurft, wobei David ihm einen Zipfel seines Gewandes abschnitt – Eintritt 1 Groschen", und so weiter.

Aber ein Wirt will schließlich auch leben. Von uns nahm er von da an kein Geld mehr, auch nicht für die Pechfackeln und das Öl in den Lampen. Maria erholte sich rasch von der Geburt und

113

stillte den Säugling, der sich prächtig entwickelte. Und ich tat ein paar Tage später tatsächlich das, weswegen wir eigentlich hierhergekommen waren: Ich suchte die römische Zensusbehörde auf und ließ mich mit Weib und Kind in die Steuerliste eintragen. Freilich, Eingang in die Frohe Botschaft fand dieser Verwaltungsakt nicht.

Acht Tage nach seiner Geburt musste unser Sohn beschnitten werden, wie es im ersten Buch der Tora steht. Ich brachte ihn dafür in die Synagoge von Bethlehem; gleichzeitig erhielt der Junge offiziell seinen Namen, in unserer Sprache: Jeschua ben Josef.

Natürlich trat das ein, was unser tüchtiger Gastgeber sich erhofft hatte: Jede Menge Leute aus Nah und Fern kamen nach Bethlehem, in die Stadt Davids, bestaunten unser Kind, brachten uns Geschenke und steigerten den Umsatz des Wirts. Als Jesus zwölf Tage alt war, kamen drei äußerst seltsame Leute zu uns, Sterndeuter oder Magier aus dem Osten, aus Mesopotamien oder Persien oder noch weiter. Sie waren prächtig gekleidet, mit reich bestickten Gewändern und Hüten und goldenen Ringen an allen Fingern. Sie sagten, sie suchten „den neugeborenen König der Juden", und ein Stern habe ihnen den Weg gewiesen. Er sei genau hier, über diesem Hause, stehen geblieben!

Maria saß auf dem Bett und wiegte das Kleine in den Armen, das sie gerade gestillt hatte. Als die Sterndeuter es erblickten, waren sie außer sich vor Freude. Sie fielen vor Mutter und Kind auf die Knie, sprachen Worte in einer Sprache, die wir nicht verstanden, und verneigten sich viele Male.

Geradezu königliche Geschenke ließen sie bei uns: Gold, Weihrauch und Myrrhe!

Nach der Geburt eines Knaben ist eine jüdische Mutter vierzig Tage lang unrein, nach der Geburt eines Mädchens achtzig Tage lang. Jeder erstgeborene Sohn ist Eigentum des Ewigen, bis er durch ein Geld- oder Tieropfer ausgelöst wird. Maria wünschte sich nichts sehnlicher, als den Kleinen nicht in der Synagoge zu Hause in Nazareth, sondern im Tempel zu Jerusalem auszulösen. Sie schlug vor, wir sollten noch ein paar Tage hier bleiben, bis die Tage ihrer Reinigung gemäß der Tora vorüber wären. Von Nazareth nach Jerusalem seien es fünf beschwerliche Tagesreisen mit dem Säugling, und noch einmal dieselbe Strecke wieder heim, da blieben wir besser gleich in Bethlehem, denn hier seien wir ganz in der Nähe.

„Meine Eltern werden zwar fast vergehen vor Sorge", meinte sie, „aber ich möchte so gerne, dass unser Sohn im Tempel zu Jerusalem ausgelöst wird!"

Also blieben wir vierzig Tage lang in Bethlehem. Dann packten wir unsere Sachen zusammen und machten uns auf den Weg nach Jerusalem. Im Tempel opferten wir die vorgeschriebenen zwei Tauben – die eine zum Brandopfer, die andere zum Sündopfer –, denn ein Schaf konnten wir uns als junges Paar dann doch nicht leisten.

Als die Zeremonie vorüber war, kam ein sehr alter Mann mit langem weißem Bart auf uns zu. Er stellte sich uns als Simeon der Prophet vor und sagte, er habe sein ganzes Leben lang auf den Messias gewartet und habe sich fest vorgenommen, erst zu sterben, wenn er ihn gesehen habe. Ob er das Kind einmal halten dürfe?

Maria legte es ihm in die Arme, und der sehr alte Mann pries den Allerhöchsten und sagte mit Tränen in den Augen, nun könne er in Frieden sterben, denn nun habe er den Messias gesehen, der der ganzen Welt das Heil bringen werde. Er prophezeite Maria aber auch, dass das Schicksal ihres Sohnes ihr eines Tages großen Schmerz bereiten werde.

Im Tempel gab es auch noch eine stadtbekannte vierundachtzigjährige Witwe namens Hanna, die praktisch dort lebte. Sie brachte Tag und Nacht mit Beten und Fasten zu. Auch sie hatte uns jetzt entdeckt, kam auf uns zu und pries unser Kind als den Messias. Dann fing Jesus an zu schreien. „Lass uns gehen", bat Maria, „ich glaube, er hat Hunger."

Es wurde Zeit, dass wir uns auf den Heimweg machten. Seit über sieben Wochen waren wir nun von Nazareth weg. Maria sorgte sich um ihre Eltern, und wir brannten darauf, unseren Verwandten zu Hause unser Kind vorzustellen.

Anna und Joachim freuten sich sehr, uns alle lebend wiederzusehen, vor allem aber, ihr Enkelkind kennenzulernen. Auch mein Vater Jakob war stolz und glücklich, als er Jesus auf den Arm nahm: „Das wird dein Erbe, Josef! Lehre ihn dein Handwerk, damit er den Betrieb übernehmen kann, wenn du alt und müde geworden bist."

„Ich werde ihn alles lehren, was er braucht, Vater", versprach ich.

Der Junge wuchs groß und sehnig heran. Er musste mir zwar bei der Arbeit zur Hand gehen, hatte es aber nicht so mit Balken und Ziegelsteinen, der Säge und dem Winkelmaß. Ein schlechter Handwerker war er nicht, doch ohne Leidenschaft. Lieber befasste er sich mit der Schrift, so dass wir ihn auf die Toraschule schickten. Seine Bar Mizwa konnte er kaum erwarten und freute sich unbändig darauf, zum ersten Mal im Synagogengottesdienst aus der Tora vorlesen zu dürfen.

Wir unternahmen jedes Jahr zum Pessachfest mit der Familie und Freunden aus Nazareth eine Pilgerreise nach Jerusalem. Als der Junge zwölf Jahre alt war, verloren wir ihn dort irgendwie aus den Augen, ehe wir uns wieder auf die Heimreise machten. Ich sagte zu Maria: „Keine Angst, er wird bei deinen Eltern sein und kommt bestimmt bis heute Abend mit der anderen Gruppe nach."

Aber von wegen, Jesus stieß am Abend nicht mit seinen Großeltern zu uns. Joachim und Anna hatten angenommen, er wäre längst mit uns aufgebrochen! Wir begannen uns Sorgen zu machen und fragen alle, die mit uns nach Jerusalem gepilgert waren, ob sie unseren Sohn gesehen hätten. Maria war schließlich ganz aufgelöst vor Angst um ihn, und wir taten in der Nacht kein Auge zu. Bis zum nächsten Morgen war Jesus immer noch nicht aufgetaucht. Da beschlossen wir umzukehren, um in Jerusalem nach dem Jungen zu suchen, während unsere Verwandten und Freunde ihren Heimweg nach Nazareth fortsetzten.

Nach drei bangen Tagen entdeckten wir den Jungen im Tempel, wo er mitten unter den Schriftgelehrten saß und eifrig mit ihnen diskutierte. Alle, die ihm zuhörten, staunten über seine klugen Antworten.

„Kind, wie konntest du uns das antun!", warf ihm Maria vor. „Dein Vater und ich sind fast vergangen vor Angst um dich!"

„Du hast wohl vergessen, wie das Gebot über Vater und Mutter lautet, das Mose auf dem Berg Sinai vom Allerhöchsten erhalten hat, um es den Menschen zu überbringen?", fügte ich zornig hinzu. „Was steht darin geschrieben? ‚Du sollst …' Na?!"

Da antwortete Jesus patzig: „Hab' ich doch gemacht! Meinen Vater geehrt! Nichts anderes, also, was regt ihr euch derartig auf? Ihr hättet euch doch denken können, dass ich im Haus meines Vaters bin! Und Gehorsam gegenüber der Tora ist wichtiger als der Gehorsam gegenüber den Eltern."

Jaja, so ein Querkopf war der Junge, schon als Zwölfjähriger. Und es sollte immer schlimmer werden mit ihm. Nach ein paar Jahren war er, wie man sagt, in ganz Nazareth „unten durch". Ist jetzt denn verständlich geworden, warum mir ein Mädchen lieber gewesen wäre?

Sibylle Sterzik

Der Winzling kommt an

Wieso schaukelt das hier so fürchterlich?, fragte sich der Winzling. Er versuchte sich irgendwie bemerkbar zu machen. Mit den klitzekleinen Fäustchen boxte er wahllos um sich herum. Keine Reaktion. Bemerkt mich denn keiner?, rief er. Ich muss es anders anstellen. Er stemmte seine Füßchen gegen die weichen Wände um sich herum und trommelte dagegen. Draußen ging das Schaukeln unverändert weiter. Noch einmal, dachte er und wiederholte das Ganze. Auf einmal spürte er von außen einen leichten Gegendruck. Etwas bewegte sich sanft kreisend dicht über seinem Kopf. Ganz warm wurde es an der Stelle. Meine Mutter hat mich bemerkt, frohlockte der Winzling und pochte noch ein wenig mit den Füßen gegen die Innenflächen ihres Bauches. Das schöne Gefühl sollte auf keinen Fall aufhören. Ganz warm und wohlig wurde ihm, er rollte sich zufrieden zusammen und schlief ein.

Eine Weile mochte er so geschlummert haben. Da wachte er plötzlich wieder auf. Draußen waren Stimmen zu hören. Und das Schaukeln hatte aufgehört. Aber was war das? Eine knarrende Stimme schimpfte laut: „Weg mit euch, ich habe keinen Platz. Ihr seht mir auch nicht aus, als ob ihr Geld für ein Nachtlager in euren staubigen Kleidern tragt. Trollt euch!" Eine Tür fiel krachend ins Schloss. Kurze Zeit war es ganz still.

119

Der Kleine horchte angespannt. Auf einmal hörte er ein leises Wimmern. Es wurde immer lauter. Und plötzlich schaukelte der Körper, der ihn trug, nicht mehr, sondern bebte heftig. Ihm wurde bang. Das Beben schüttelte auch ihn kräftig durch. Kurze Zeit war ihm, als läge er in einem Butterfass, in dem er hin- und hergeschleudert wurde. Jetzt fühlte er sich gar nicht mehr wohl. Irgendetwas musste passiert sein. Er strampelte wild um sich. Und da war es wieder, das sanfte Kreisen. Etwas legte sich behutsam von außen auf den weichen Hohlkörper, in dem er lag. Die zarten Bewegungen beruhigten ihn.

Doch das Schaukeln begann von Neuem. Aber diesmal dauerte es nicht so lang. Die Stimme, die er jetzt vernahm, klang auch nicht nett. „Alles belegt." Verflixt, dachte er, bestimmt geht das Beben gleich wieder los. Ich muss mich irgendwo festhalten. Aber da war nichts. Die weiche Hülle um ihn herum war feucht und ließ ihn überall abgleiten. Zum Glück blieb das Beben aus. Er hörte eine tiefe Stimme beruhigend reden. Bestimmt tröstet mein Vater meine Mutter, überlegte er.

Noch einmal schaukelte es, jetzt hörte er deutlich Hufe klappern. Mutter scheint auf einem Esel zu sitzen, Pferdegetrappel klingt anders, überlegte er. Eben waren welche vorbeigeritten und hatten den Leuten, die so spät noch auf der Straße waren, zugerufen: „Macht, dass ihr nach Hause kommt." Der Esel hatte etwas gescheut, so dass der Winzling in der Dunkelheit einmal hoch und runter gestoßen wurde. Erst hatte er Angst, aber dann war es gar nicht so schlimm. Es kitzelte sogar irgendwie angenehm im Bauch. Na ja, oder in dem, was mal einer werden sollte. Er lauschte, aber das Hüpfen kam nicht noch einmal. Schade. Langsam wurde er ungeduldig. Wann ist die Reise endlich zu Ende?, fragte er sich. Ab und zu hörte er draußen ein müdes „IA". Na, der hat auch keine richtige Lust mehr, schlussfolgerte er. Da geht's ihm ja wie mir. Hoffentlich finden die beiden bald etwas zum Schlafen. Dann haben wir alle unsere Ruhe. Es ist schließlich kalt und mitten in der Nacht.

Ein lautes Pochen riss ihn aus den Gedanken. Eine dunkle verschlafene Stimme knurrte. „Was wollt ihr denn so spät?" Ein ächzender Laut ertönte und dann war es wieder ruhig. Erneut erklang das Pochen. „Was ist denn noch?", vernahm der Kleine die knurrende Stimme ein zweites Mal. „Meine Frau ist schwanger, sie wird bald niederkommen und unser erstes Kind zur Welt bringen." Die Stimme flehte fast. Und sie war ihm vertraut. Mit einem Mal erschrak der Winzling bis ins Mark. Niederkommen? Ein Kind soll auf die Welt gebracht werden? Meint er etwa mich? Nö, schoss es ihm durch den Kopf. Da raus soll ich, wo die Leute dauernd die Türen zuknallen, wenn einer den anderen um was bittet? Wo sie schimpfen und fluchen und immerzu abweisend sind? Da verkriech ich mich doch lieber hier drinnen. Das bisschen Schaukeln werde ich schon aushalten.

Der Winzling versuchte sich zu beruhigen, war aber höchst alarmiert. Obwohl, überlegte er noch einmal, vielleicht wäre das gar keine so schlechte Idee. Ich könnte doch da rausgehen, na ja, nicht gehen, rutschen, flutschen, ich meine, wenn meine

121

Mutter mich herauswirft, wie immer sie das anstellen will, und denen sagen, wie sich das hier drinnen so anfühlt. Das Knarren, Rauswerfen und Schimpfen. Und wie sehr der Körper meiner Mutter eben davon gewackelt hat, als die Tränen kamen. Ein richtiges Erdbeben, Butterfass ist gar nichts dagegen. Bestimmt wissen sie das nicht. Woher auch? Aber dann hören sie bestimmt auf damit.

Irgendwie war der Winzling neugierig geworden auf das, was ihn erwartete. Vielleicht musste er das ganze Geschütteltüttel ja erleben, damit er, ja was denn? Na, die da draußen vor den Spiegel stellen konnte. Nee, nicht so einen, wo man die kleinen Fettröllchen sieht und dann ganz schnell beschließt, die wegzumachen. Und am nächsten Tag hat man's vergessen und hält den Kopf wieder ganz tief in den Kochtopf hinein. Nein, ich meine, so einen, wo man das, was niemand sehen kann, das ganz innen, so wie das Geheimversteck, wo ich jetzt sitze oder schwimme oder sonst was. Das kann man ja auch nicht sehen. Eben so eine Zurückspiegelscheibe, die ihnen das vorspielt, was innen drinnen ist. Mitten im Grübeln durchfuhr es ihn. Verflixt nochmal, jetzt hab ich hier herumgedankelt und verpasse noch das Wichtigste draußen. Jetzt durfte ihm kein Wort mehr entgehen. Er drückte das Ohr an die Mutterinnenwand und horchte.

„Alles voll, nichts zu machen." Und da war es wieder, dieses Beben. Noch viel heftiger als beim ersten Mal. Der Kleine wollte sich schon wieder gegen das furchtbare Schütteln stemmen, da rief auf einmal eine helle Stimme: „Kommt her, wir haben noch einen Stall. Mehr nicht, aber da könnt ihr wenigstens die Nacht über bleiben. Eine Futterkrippe steht auch drin. Da kann sich euer Esel stärken." Die Stimme klang so ähnlich wie die von der Frau, die ihn trug. Ob sie wohl auch so einen wie mich mit sich herumschleppte?, überlegte der Winzling. Wer weiß, auf jeden Fall hat sie Mitleid. Juchu, wir können bleiben! Und vielleicht kann ich auch raus, vor die Tür? Äh, ich meine, raus aus meiner Mutter. In die Krippe vielleicht. Da ist es bestimmt kuschlig im Stroh. Vor Freude strampelte der Kleine wild mit den Beinchen.

Im selben Moment hörte er einen lauten Schrei, der Körper, der ihn trug, bewegte sich ruckartig nach oben und kam etwas hart wieder auf dem Boden auf. „Maria, sei vorsichtig, das Kind." Die dunkle Stimme, die das sagte, klang besorgt. Meine Mutter hat wohl einen Freudenschrei getan und ist dabei in die Luft gesprungen, dachte der Kleine. Aber mein Vater hat Recht. Sie wird mich noch herauswerfen, wenn sie nicht aufpasst. Und das jetzt, kurz bevor wir das Nachtlager erreicht haben. Dann wurde ihm ganz warm. Von außen drückte es etwas, aber nicht unangenehm. Der keuchende Atem der Mutter wurde für einen Augenblick ruhig, sie stand ganz still. Was machen die beiden denn da? Es fühlt sich richtig gut an. Manchmal nachts hatte er das auch schon erlebt. Dann schien es ihm, als ob Josef und Maria ganz nah beieinander wären. Das mochte er.

Schlüssel klapperten, eine Tür ging auf. Stroh raschelte, jemand goss Wasser in einen Eimer. Ein Feuer begann zu knistern, von Zeit zu Zeit fuhr

der kalte Wind hinein und versuchte es auszu-
pusten. Aber was war das? Meine Mutter muss
sich hingelegt haben. Ich liege auf einmal so
komisch. Und dann ging alles ganz schnell. Dem
Winzling wurde schwindlig, fast blieb ihm die Luft
weg. Alles um ihn herum schien sich zu drehen. In
Wirklichkeit dreht er sich, das kleine Köpfchen
schien zuerst ins ungastliche Draußen hinaus-
schauen zu wollen. In Ordnung, also dann mit
dem Dickschädel voran. Der sucht sich schon seinen Weg. Etwas drückte schmerzhaft auf ihn ein,
nein, um ihn herum zog sich alles zusammen,
immer enger, presste ihn in eine Richtung, wo es
ganz eng wurde, nicht nur einmal, immer wieder
kam das. Erst in langen Abständen, dann immer
kürzer. Was passiert nur mit mir, sogar meine
Mutter Maria schreit und Vater Josef stöhnt so
merkwürdig, als wenn er ratlos wäre.

Für einen kurzen Moment schien der Winzling
das Bewusstsein zu verlieren. Ist jetzt alles zu
Ende?, fragte er sich. Da wurde es auf einmal
unbeschreiblich hell. Mit einem Schwall von etwas
Feuchtem rutschte er wie auf einem Wasserfall
ins Freie. Etwas Warmes schlug klatschend auf
sein Hinterteil. Sapperlot, tat das weh! Und auf
einmal schrie er aus Leibeskräften. Ich habe ja
auch eine Stimme, wie all die anderen da draußen!
Zum ersten Mal hörte er sie. Hoffentlich wird die
nicht auch mal so knurrig wie die der anderen,
der Männer in Bethlehem heute Abend. Nie sollte sie so klingen! Da musste doch was zu machen
sein. Lieber so wie die von Maria und Josef, so
schön beruhigend, wenn ich vor Angst gegen die
Bauchblase gestrampelt habe. In diesem Moment

schlangen sich zwei Arme um ihn, drückten ihn behutsam an einen warmen Körper. Weich und behaglich fühlte sich das an. Meine Mutter Maria! Im nächsten Moment kamen noch ein Leib dazu und zwei Arme, sie waren kräftiger, aber ebenso vorsichtig. Mein Vater Josef! Ich glaub, jetzt ist es passiert. Ich bin auf der Welt. Das war es wohl, was mein Vater gemeint hatte. Und es ist viel schöner, als ich es mir vorgestellt hatte. Hier will ich bleiben, in diesen vier Armen. „Jesus", flüsterte die Mutter. „Wir wollen dich Jesus nennen, wie der Engel gesagt hat."

Wieder hörte der Winzling ein Weinen. Aber irgendwie klang das ganz anders. Es ist zwar dasselbe Geräusch, das ich schon kenne. Nur lachte die Mutter dabei und es sah aus, als würde sie sich freuen. Komisch. Tränen scheinen nicht immer dasselbe zu sein. Und merkwürdig. Körperlich spürte er gar nichts mehr. Da fiel es ihm ein. Das konnte er ja gar nicht mehr. Er war ja nicht mehr in Marias Bauch. Aber wie es sich dort angefühlt hatte, würde er sein ganzes Leben lang nicht vergessen.

Jetzt begriff er endgültig: Sie hat mich tatsächlich herausgeworfen!, und musste lächeln. Es war gar nicht so schlimm gewesen, wie er gedacht hatte. Na ja, diese Rutschpartie schon. Aber da draußen konnte ich zum ersten Mal spüren, wie meine Mutter und mein Vater mich in den Arm nahmen. Nicht nur so knapp einen Fuß breit über meinem Kopf. Rausgeworfen zu werden ist klasse. Zumindest, wenn es nicht so ein Rauswurf ist wie der von den Typen, die keinen Platz für uns hatten. Hinausschicken, das ist hier wohl auch zweierlei. Merkwürdig. Immer hat alles noch einen doppelten Sinn. Vielleicht sind die Menschen deshalb so verwirrt, dass sie knurren und krächzen?

Eigentlich war der kleine Neuling viel zu müde, um nachzudenken. Er wollte schlafen, schmiegte sich an die Mutter und schmatzte vor sich hin. Da ertönte draußen ein Blöken. Schritte kamen näher, die Tür flog auf. An Schlafen war nicht mehr zu denken. Der Winzling sah drei Hirten vor der Tür stehen. Hinter ihnen drängten zwei kleine Schafe heran. Sein Vater Josef hielt die Laterne in die Nacht und sah nach. Der Kleine hörte, wie er die Fremden freundlich begrüßte und erklärte, dass seine Mutter Maria gerade niedergekommen war und das Neugeborene – oh, das bin ja schon wieder ich – schlafen musste. Eben hörte der Winzling, wie der Vater sich anschickte, sie zum Gehen zu bewegen, da fielen die drei auf die Knie. Sie senkten ihre Köpfe, schlugen die Hände an die Brust und verneigten sich vor – ihr werdet es nicht glauben, vor mir, dem winzigen Etwas.

Was mache ich jetzt?, dachte das Neugeborene und blinzelte ein wenig verlegen. Eines der Schafe stupste es sacht mit der kühlen Nase. „Ein Engel hat uns hierher geschickt. Ein heller Stern soll hier sein, der sieht aus, als hätte da oben jemand auch Lagerfeuer gemacht, so wie ihr hier unten, bloß viel höher und viel größer." Und dann erzählten die Hirten noch etwas von einem Heiland, der hier geboren sein soll. Immerzu sagen sie etwas von dem Christus, Gottes Sohn, wunderte sich der Winzling.

Während er den Hirten zuhörte, hatte Maria ihn in die Futterkrippe des Stalls gelegt. Sie war mit viel Stroh ausgelegt. Sie wickelte ihm ein altes Leinenhemd als Windel um den winzigen Leib. Dann trat sie neben Josef vor die Hirten. Die erzählten gerade, dass der Engel ihnen gesagt hatte, sie würden das Kind, das irgendwie unter einem besonderen Stern steht, in einer Krippe finden, in Windeln gewickelt. Der Kleine erschrak. Bin ich schon wieder gemeint? Bin das etwa ich? Er grübelte.

Inzwischen standen die Hirten ganz dicht um ihn herum. Die ersten Menschen, die ich kennenlerne, haben ziemlich schmutzige Kleider an, dachte er. Sie riechen nicht besonders gut. Ihre Hände sind schwielig, als hätten sie schon viel arbeiten müssen. Aber in ihren Augen leuchtet es, als würde eine große Sehnsucht in ihnen brennen. Und irgendwie scheint diese Sehnsucht mit mir zu tun haben, dachte es. Ich muss herausfinden, was das bedeutet. Er hörte noch, wie einer von den dreien immer wieder sagte: „Eine große Freude. Heute Nacht, wenn es draußen am dunkelsten ist, kommt Friede auf die Erde." Hören dann die knarrenden Stimmen auf, so mitleidlose Dinge zu sagen – mitten in der Nacht?, dachte er noch. Vielleicht kriegen ja dann alle solche warmen Hände zu spüren wie ich, als ich noch da drinnen war oder als ich rausgeschmissen wurde?

Na gut, murmelte er. Eine ungeheure Kraft hat mich aus dem Leib meiner Mutter herausgeworfen. Irgendein Plan scheint ja dahinterzustecken. Wenn ich schon da raus soll, dann will ich auch dafür sorgen, dass es nicht mehr so abweisend zugeht wie in dieser Nacht. Mehr freundliche Stimmen wären schon mal eine prima Idee.

Dann wurde er furchtbar müde. Verflixt, ich glaube, ich werde hier richtig viel zu tun bekommen, begriff er allmählich. Aber ich glaube, das ist nötig. Dann schlief er ein.

Die Autorinnen und Autoren

Ingeborg Arlt, geboren 1949, Bibliothekarin und Schriftstellerin. Für ihre Erzählung „Das kleine Leben" bekam sie 1986 den Anna Seghers-Preis und für ihren Roman „Die Hure und der Henker" 2007 den C.S. Lewis-Preis. Sie lebt in Brandenburg an der Havel.
www.ingeborg-arlt.de

Amet Bick, geboren 1969, studierte evangelische Theologie in Berlin. Sie ist leitende Redakteurin der Wochenzeitung „die Kirche" und publiziert Bücher zu aktuellen Themen. Zuletzt erschienen: „Wendet sich die Erde gegen uns?" Ein Gespräch mit Katrin Göring-Eckardt und Ellen Ueberschär (mit Andreas Lehmann).

Uwe Birnstein, geboren 1962, evangelischer Theologe und Publizist, arbeitet seit 1982 für Zeitschriften, Hörfunk und Fernsehen. Mehrere Buchveröffentlichungen zu theologischen Themen. Herausgeber und Mitautor der Buchreihe „wichern porträts". Zuletzt erschienen: „Kleines Lexikon christlicher Irrtümer", Gütersloh 2011.
www.birnstein.de

Victoria Fleck, geboren 1979, studierte evangelische Theologie in Heidelberg, Wien, Dublin und Berlin. Sie ist Pfarrerin z. A. der Evangelischen Landeskirche in Bayern. Derzeit arbeitet sie als Redakteurin der Wochenzeitung „die Kirche" in Berlin.

129

Johanna Friese, geboren 1976, studierte evangelische Theologie in Berlin und rabbinische Literatur in Jerusalem. Sie ist seit 2009 im Evangelischen Rundfunkdienst der EKBO für den Privatfunk zuständig und auf Radio Paradiso zu hören. Zudem ist sie Autorin von Morgenandachten im rbb und im Deutschlandradio Kultur und veröffentlicht regelmäßig Beiträge in der Evangelischen Wochenzeitung „die Kirche".

Ulrich Haag, geboren 1961 in Düsseldorf, studierte evangelische Theologie in Bonn, Heidelberg, Berlin und Jerusalem. Nach einer langen Zeit als Gemeindepastor in Aachen ist er derzeit Seelsorger in einer Justizvollzugsanstalt und freier Autor, u.a. für den WDR und den Deutschlandfunk. Seit 2009 ist er auch im „Wort zum Sonntag" zu sehen.

Sabine Henke, geboren 1958, Kabarettistin, hat Ausbildungen als Arzthelferin, Gemeindepädagogin und Schauspielerin. Sie machte sich vor allem als Kirchenkabarettistin einen Namen. Für ihr Programm „Ich kann warten" bekam sie den Melsunger Kabarettpreis 2008.
www.sabine-henke.de

Sabine Hoffmann, geboren 1962, ist Verlagsfachwirtin und Diplom-Landwirtin. Sie leitet den Vertrieb im Wichern-Verlag, in dem sie auch immer wieder skurrile Geschichten veröffentlicht.

Jürgen Israel, geboren 1944, arbeitet als Lektor, Autor und Publizist. Er schreibt Gedichte und Erzählungen und war 2001 Stadtschreiber in Rheinsberg. Er ist Mitglied der Landessynode der Evangelischen Kirche Berlin-Brandenburg-schlesische Oberlausitz und auch in dieser Funktion beliebter Autor der Evangelischen Wochenzeitung „die Kirche".

Georg Magirius, geboren 1968, hat evangelische Theologie in Marburg, Münster und Heidelberg studiert. Seit 2000 ist er freier Schriftsteller und arbeitet als Hörfunkjournalist für mehrere ARD-Sender. Seit 2005 gestaltet er mit der Konzertharfenistin Bettina Linck musikalische Lesungen. Zuletzt von ihm erschienen (mit Gabriele Wohmann): „Sterben ist Mist, der Tod aber schön, Träume vom Himmel", Kreuz-Verlag 2011. Georg Magirius lebt in Frankfurt am Main und am Fuße des Spessarts.
www.georgmagirius.de

Angelika Obert, geboren 1948, Theologin und Journalistin, leitet seit 1994 den Evangelischen Rundfunkdienst Berlin. Sie hat zahlreiche Hörfunksendungen produziert, insbesondere für den rbb und den Deutschlandfunk, und leistete vielbeachtete Beiträge in Anthologien. Im Frühjahr 2011 erschien von ihr „Auguste Victoria. Wie die Provinzprinzessin zur Kaiserin der Herzen wurde" in der Reihe „wichern porträts".

Georg Schwikart, Dr. phil., geboren 1964, studierte vergleichende Religionswissenschaft, Theologie und Volkskunde. Er schreibt für Kinder, Jugendliche und Erwachsene, Belletristik und Sachbücher. Zahlreiche Lesungen und Vorträge im deutschen Sprachgebiet, außerdem Beiträge in Anthologien, für Zeitungen, Zeitschriften, Radio und Fernsehen. Im Wichern-Verlag veröffentlichte er Biografien über Johann Sebastian Bach und Hanns Dieter Hüsch.
www.schwikart.de

Sibylle Sterzik, geboren 1963, Pastorin, Familienberaterin, arbeitet als Chefin vom Dienst in der Redaktion der Evangelischen Wochenzeitung „die Kirche". Sie gibt Bücher heraus („Familienstand Single", Berlin 2007) und ist Initiatorin der erfolgreichen Reihe „Evangelische Themenhefte".